思想品德健康教育书系

青春要接受美德的洗礼

和兴文化◎编著

陕西出版传媒集团
太白文艺出版社

图书在版编目（CIP）数据

青春要接受美德的洗礼/和兴文化编著．—西安：太白文艺出版社，2013.6

（思想品德健康教育书系/刘东主编）

ISBN 978－7－5513－0487－0

Ⅰ.①青…　Ⅱ.①和…　Ⅲ.①品德教育—中国—青年读物②品德教育—中国—少年读物　Ⅳ.①D432.62

中国版本图书馆 CIP 数据核字（2013）第 109061 号

思想品德健康教育书系

青春要接受美德的洗礼

主　　编　刘　东

编　　著　和兴文化

责任编辑　王大伟　李　丹

封面设计　梁　宇

版式设计　刘兴福

出版发行　陕西出版传媒集团

太白文艺出版社

（西安北大街 147 号　710003）

E－mail：tbyx802@163.com

tbwyzbb@163.com

经　　销　陕西新华发行集团有限责任公司

印　　刷　三河市恒升印装有限公司

开　　本　700 毫米×960 毫米　1/16

字　　数　165 千字

印　　张　12

版　　次　2013 年 6 月第 1 版第 1 次印刷

书　　号　ISBN 978－7－5513－0487－0

定　　价　25.80 元

前　言

品德和才学，到底哪个更重要？这个历来聚讼不已的话题，能否对其有一个正确的认识和回答，不仅是选拔任用人才的着眼点，同时也是我们培养教育青少年的方针大纲。孰为重？孰为轻？如何在我们的教育中贯彻我们认为的重点，同时又能坚持“两点论”和“重点论”的完美谐和的统一，培养出国家和社会需要的优秀的青少年，这是最考验教育工作者的智慧和能力的地方。

宋代著名历史学家、政治家司马光曾经在他的巨著《资治通鉴》中讨论过这个问题。对于二者的关系，他认为：“才者，德之资也；德者，才之帅也。”也就是说，才学是品德的资本，而品德则是才学的统帅。也就是说，有了品德这个居于领导地位的统帅，才学的资本才能正常而且完全地发挥它的价值，给个人、社会和国家带来正面积极的影响。司马光又接着说：“君子挟才以为善，小人挟才以为恶。挟才以为善者，善无不至矣；挟才以为恶者，恶亦无不至矣。”也就是说，才学是一把双刃剑，既可以行善，也未尝不可以作恶。至于到底是行善还是作恶，则完全要看掌握才学的人是品德高尚的君子，还是品德卑下的小人。君子的才学可以用来造福社会和国家，使善行遍布四海；小人的才学也会给社会和国家带来灾难，使邪恶播撒人间。由此可见品德的极端重要性。而品德与才学孰重孰轻的问题，也就不言自明了。

我国古代历来重视品德的教养，教育的思路也从来就是把品德放在比才学更重要的地位，《论语》中就有一句话说：“贤贤易色，事父母能竭其力，事君，能致其身，与朋友交，言而有信。虽曰未学，吾必谓之学矣。”可见古人认为，只要有了尊重贤良、孝敬父母、忠于祖国、待人诚信等等高尚的品德，那么即使没有才学，也仍然是一个堂堂正正的人。当然，我们不是强调品德的重要性，而又走到另一个极端——否认才学的重要性。就像毛泽东同志所说，我们要坚持“两点论”和“重点论”的统一。即在保证品德教育的前提下，掌握的才学越多越充实越好。这样才能为我们的社会和国家做出更多的有益的贡献。

无可回避的是，一直以来，我们的教育都有着重学习轻品德、重知识轻能力、重成绩轻素质的弊端和问题。这或许使得我们的青少年在成长过程中走了弯路，或者会给他们的成长、成材和以后人生的发展带来负面的影响。长此以往，甚至也有可能给我们的社会和国家带来消极的影响。基于这个重大的问题，我们深感责任重大，于是编写了这套丛书，涵盖了我们能设想到的方方面面，希望能在青少年思想品德教育方面，弥补现行学校教育可能存在的缺失，贡献我们一份绵薄之力。

当然，丛书编的究竟如何，最终还是要看它能不能得到广大青少年的喜爱和认可。限于水平，书中不能没有错误，尚请方家指正。同时也欢迎各位读者和广大青少年提出宝贵的意见和建议。

目录

第一章 扬起智慧的青春风帆

第二章　拨动纯洁的青春心弦

第四章　阐发丰富的人生哲理

第五章　扫去心灵的尘土

第一章 扬起智慧的青春风帆

留有余地予己好

在一条马路上有两家卖粥的小店，左边一家，右边一家。两家相隔不远，每天的顾客也相差不多，生意都很红火，人进人出的。然而晚上结算的时候，左边这家总比右边那家粥店多出几百块钱的收入。一年之后，左边的小店变成了大店，扩大了规模，而右边的那家还是一年前的老样子。

有一个人一直迷惑不解，有一天，他走进了右边那家粥店，服务员微笑着把顾客迎进去，给他盛好一碗粥。问道："加不加鸡蛋?"那人说加。于是她给顾客加了一个鸡蛋。每进来一个顾客，服务员都要问一句："加不加鸡蛋?"也有说加的，也有说不加的，两种情形大约各占一半。

又过了几天，那个人又走进了左边那家店里。服务小姐同样微笑着把他迎进去，给他盛好一碗粥，问道："加一个鸡蛋，还是加两个鸡蛋?"顾客笑了，说："加一个。"每进来一个顾客，服务员都会问一句："加一个鸡蛋，还是加两个鸡蛋?"爱吃鸡蛋的就要求加两个，不爱吃的就要求加一个，也有要求不加的，但是这种情形很少。一天下来，左边的这家店就要比右边那家多卖出很多鸡蛋。

给别人留余地才能为自己争取领地，别人有了选择，自己的选择面和发展空间才更广。

不要轻信坏人

有一只很有心计的狼懂得人性的弱点，为了得到口味鲜美的羊，它决定实施一个阴险的计划。

它对牧羊人说："我以前的确是干了许多坏事，但我已经决定改头换面，做一个有良心的狼了，请宽恕我吧，让我们把恩怨都一笔勾销吧。如果可以，我愿意做您忠实的仆人，像狗一样跟随在您的左右。对于您的羊，我更会像亲兄弟一样对待它们，我要保护它们，绝不让任何动物伤害它们。听说，狐狸一直在觊觎您的羊群，您放心，只要有我在，狐狸是不会得逞的……"

狼一边忏悔着自己以往的过错，一边流下了悔恨的泪水，接着信誓旦旦地保证。牧羊人感动了，以为狼真心悔改了，便收留了它。

接下来的日子里，狼老老实实地守护着羊群，并且一点坏事也没干。牧羊人开始还对它小心防范，提心吊胆，十分警惕地看护着羊。狼始终一声不吭地守护着羊群，丝毫没有要伤害羊的迹象。

后来，牧羊人不再提防狼。一次，牧羊人因事进城去，便把羊留下交给狼独自守护。于是，狼乘此机会，咬死了大部分的羊。牧羊人回来，看见羊群被咬死了，十分后悔，并说道："我真活该，我为什么把羊群托付给狼呢?"

不要轻信坏人，坏人的花言巧语背后隐藏的是不可告人的耻辱勾当，相信了坏人的话，甚至把自己的心交给坏人，那么离灭亡也就不远了。

智慧能让石头变成美味的汤

有一个装扮奇特的人来到一个小村庄，他向迎面而来的几位妇女说："我有一颗神奇的汤石，如果将它放入烧开的水中，它会立刻变出一锅美味的汤来。如果不相信，我现在就煮给大家喝喝看。"那个奇特的人胸有成竹地高声宣布着。

大家半信半疑，都想知道世界上是否真的有这样一种石头。有人找来了一个大锅子，有人提了一桶水，并且架上炉子和木柴，就在村子的广场上煮了起来。火势很快就上来了，锅里的水在熊熊的火焰中开始沸腾。

这个陌生人很小心地把汤石放入滚烫的水中，然后用汤匙尝了一口，兴奋地说："哇！太美味了，这是我做过的汤里最鲜美的一次。如果再加一点洋葱就更好了。"立刻有人兴冲冲地跑回家拿了一堆洋葱。陌生人让大家把洋葱剥好，放入锅中，然后开始搅拌。做完这一切他又尝了一口："太棒了，不过，我相信如果再放些肉片，这锅汤就会成为你们喝过的最香的汤了。"屠夫的妻子听后连忙赶回家端来一大盆切好的肉，她想象着自己可以分得一大份汤就不禁喜上眉梢。"再有一些蔬菜就更完美了。"陌生人又建议道。

在陌生人的指挥下，有人拿了盐，有人拿了酱油，还有人捧来了其他的调味品。当大家一人端着一个碗蹲在那里享用时，他们果真发现这是天底下最美味好喝的汤。

智慧能让石头变成汤，同样拥有智慧的人也可以让智慧变成自己想要的东西。尤其是在濒临绝境的时候，智慧可以救你一条命。

旁敲侧击利处世

一天，史瓦布先生去厂房巡视，无意间发现一伙工人正围在墙角抽烟，而墙上却明确地写着"严禁烟火"四个大字。当时，他非常生气，可是他仍然强压着心头的怒火。他并没有理直气壮地质问他们，或者对他们当头棒喝。相反，他悄悄地走过去，接着掏出自己的烟盒，给每个人都递过去一支烟，然后才若有所指地说："走！大家还是到离厂房远一点的地方抽吧！"

那些工人听此言后意识到自己犯了一个原则性的错误，而面前的上司竟然如此宽容，一个个非常自责，都下定决心以后一定不再犯同样的错误。

约翰·华纳梅克有一次在他自己经营的百货公司巡视时，注意到有位客人站在柜台前等着买东西，却久久不见售货员上前招呼。更糟的是，那些售货员竟然围聚在角落里嬉笑闹骂个不停，根本没有注意到有顾客来了。

对于这种不把顾客和工作当一回事的现象，华纳梅克非常生气。他会采取什么样的举动呢？他一言不发地迎上前去，替这位客人将选好的物品接下，然后交由一名店员包好，接着回到了自己的办公室。在整个过程中，他没有对那些店员说一句指责的话。

在指责别人错误的时候给人当头一棒往往会伤害别人的自尊心，而旁敲侧击不但让人易于接受，而且还可以给人留下好的印象。这是处世的法则，也可以说是生存的法则。

坏习惯是致命的

在非洲，有一种叫黑鹭的鸟，它捕食的方法很特别。它的特别之处在于它的翅膀，当它站在水中时，它的翅膀就会张开，围成一圈，像一把撑开的伞，然后把头蜷缩在伞当中，而它那尖锐的喙静等着猎物的出现。

也许这样一种捕食方式有些掩耳盗铃的意味。可是黑鹭知道那些小鱼和小虾喜欢往岸边水浅而又阴凉的地方去。它们常常躲在树阴笼罩的水中或者藏匿在高大的水生植物的阴影里，黑鹭张开的翅膀就是给有这些习惯的小鱼造成假象。一条小鱼来了，又是一条，钻进“阴凉”之下。黑鹭用守株待兔的方式就能“坐等”猎物送上门来。它迅速地把尖锐的喙扎进水中，那些小鱼就只有死路一条了。

不好的习惯会带来不好的命运，我们常常遇到的困惑往往就是由于不好的习惯引起来的，有些坏习惯甚至是致命的。

缺陷有时也是一种优势

一个印度挑水工有两个水罐，一个水罐有一条裂缝，另一个水罐则完好无损。完好的水罐总能把水从远远的小溪运到主人家，而那个破损的水罐在到达目的地时，里面只剩下半罐水了。因此，挑水工每次回到主人家时就漏掉了半罐水。

那个完好的水罐不禁为自己的成就和完美感到骄傲。那只可怜的有裂缝的水罐因自己天生的裂痕感到十分惭愧和自卑，心里一直很难过。两年后的一天，有裂缝的水罐在小溪边对挑水人说：“我为自己感到惭愧，我想向你道歉。”

挑水人问：“你为什么要感到惭愧?”

水罐答道：“在过去的两年中，在你到主人家的路上，水从我的裂缝中渗出，我只能运半罐水。你尽了自己的全力，却没有得到你应得的回报。”

挑水人听后说：“在我们回主人家的路上，我希望你注意到小路旁那些美丽的花儿。”

当再度上山时，那个破水罐看见太阳正照着小路旁边那些灿烂的鲜花，这美好的景象使有裂缝的水罐感到一丝快乐。

挑水人说：“难道你没有注意到刚才那些美丽的花儿只长在你这边，并没有长在完美的水罐那边吗？那是因为我早知道你有裂缝，并且利用了它。我在你这一边撒下了花种，每天我们从小溪边回来的时候，你浇灌着它们。在这两年中，我就摘下这些美丽的花去装饰主人的桌子，或者送给我美丽的姑娘。如果没有你，主人的家不会显得如此温馨，我的爱情也不会如此甜蜜，我还要好好感谢你呢!”

缺陷也会转换成一种优势，世界上存在的不见得都是完美的，但是存在的就有其存在的理由，存在的就是合理的，每一个东西都有其存在的法则。

学会用行动说话

有一块上好的雕刻石材却被一名拙劣的雕刻师给凿坏了。他在应该是雕人物腿的部分误凿了一个洞，于是这块不可多得的大理石就被遗弃在一个教堂里了。

有一天，有人请来了米开朗基罗。他们认为，只有他可以运用这块大理石石材并且能运用得非常出色。米开朗基罗看了看这块石头，得出了一个结论：他可以雕出美丽的人形，只要调整姿态遮掩住被破坏的部位。

米开朗基罗决定雕刻手上拿着弹弓的年轻大卫。几星期之后，米开朗基罗完成得差不多了，在做最后的修饰。一天，该市的市长进人工作室。

他自以为是行家，仔细地品鉴了这项作品，最后他告诉米开朗基罗，虽然这是了不起的杰作，但是鼻子太大了。

米开朗基罗知道市长正好站在大雕像的正下方，因此视角不正确。他不说一句话，只是招呼市长随他爬上鹰架，到达鼻子的部位，他拿起刻刀和木板上的一些碎大理石，市长站在下面的鹰架上。米开朗基罗开始用刻刀轻轻敲着，让手上搜集来的石屑一点一点掉下去。

事实上他没有改动鼻子，但是看起来好像在努力修改，几分钟装模作样之后，他站到一边说："现在看看吧！"

市长回答："我比较喜欢这样，你让它栩栩如生了。"

学着以间接的方式证明想法的正确性，不必多言，示范就好，用自己的行动获得别人的支持，这种力量更强大。只靠争辩的人不会有其存在的空间的。

学会与坏人共存

一天，9 只野狗出去猎食，在一条路上遇到了一头正在猎食的狮子。狮子建议野狗同它合力猎食，然后一起分配食物。野狗们欣然答应了。它们打了一整天的猎，天黑时，它们一共逮住了 10 只羚羊。

狮子说："我们得去找个英明的人来给我们分配这顿美餐。"

一只野狗说："那何必呢？每个分一只就很公平。"狮子立即起身，举起巨爪向这位冒失的野狗抓过去，把它打昏在地。

其他野狗都被吓坏了，一只野狗鼓足勇气对狮子说："不！不！我们的弟兄说错了，那不是合理的分配。您是世界的主宰，如果我们给您 9 只羚羊，那您和羚羊加起来就是 10 只；我们 9 只野狗加上一只羚羊也是 10 只，这样我们就都是 10 只，这才是最公平的分配方案。"

狮子满意了，昂起头说道："你还算聪明，不像你那个傻瓜兄弟！你是怎么想出这个分配妙法的？"

那只野狗答道："当您冲向我的兄弟并打昏它时，我就立刻增长了这点儿智慧。"

与虎谋皮，与狮谋食无异于自讨苦吃。聪明人是不会和坏人讲公平的，因为坏人的意志就是公平。要学会与坏人共存。

不要相信吃人者的话

附近所有的池塘都成了鱼鹰的地盘，鱼塘和水池是它食宿的好地方，所以鱼鹰的伙食一直很好。但随着它年事增高，精力衰退，原有的伙食水平难以为继，每况愈下。这只鱼鹰老眼昏花看不清水底，又无罗网捕鱼，经常忍受饥饿的煎熬。饥饿所迫，在万般无奈之中它想出了一个好计谋。

鱼鹰在池塘边上看见一只虾，便对它说："我的好伙计，我有一个重要消息告诉大家：大祸将要降临到你们头上，一个星期后，这池塘的主人就要下网捕捞你们了。"

虾闻言急急忙忙向大家通报情况，一时间满城风雨，一片惊慌。水族动物全跑了出来，聚在一起选派代表谒见这只水鸟。

"鱼鹰大人，您这消息是打哪儿来的？您说的靠得住吗？您有解救的办法吗？我们应该怎么办才好呢？"

"换个地方。"鱼鹰不容置疑地答道。

"可我们怎么换呢？"

"你们不用操心，我可以把你们逐个带到我住处的附近，只有我知道这条路，世界上没有比这更隐蔽更安全的地方了。这是一个自然生成的鱼塘，歹毒的人类根本就不知道它的地方。这个鱼塘能使你们全体获得新生。"

永远不要相信吃人者的话。要想生存，对付不了吃人者就避开，用生命去换取教训，听起来似乎太不值得。

脱离社会难生存

四肢看到胃成天不干活，心里很不平衡，它们决定像胃那样，过一种不劳而获的绅士日子。

"没有我们四肢，"四肢说，"胃只能靠西北风活着。我们流汗流血，我们受苦，我们做牛做马地干活，都是为了谁？还不是为了胃！我们什么好处也没有得到，我们全在忙碌，为它操心一日三餐。我们现在马上停工别干了，只有这样，才会让它明白，它得让我们养着它。”

四肢这样说了，果真也这么做了。于是，双手停止了拿东西，手臂不再活动，而腿也歇下了，它们都对胃说已经侍候够了它，让胃自己劳动，自己去找吃的。

没过多久，饥饿的人就直挺挺地躺倒了。因为心脏再也供不上新鲜的血液，四肢也就因此遭了殃，没有了力气，软绵绵地耷拉在身上。

这下，不想干活的四肢才发现，在全身的共同利益上，被它们认为是懒惰和不劳而获的胃，要比它们四肢的作用大得多。

人与人之间既是一个独立的个体，又是一个密不可分的群体。一个人如果完全脱离社会，那他根本就不可能生存下去。懂得他人的重要性，自己才会在生活工作中自由快乐。

谦让是一种美德

森林中有一条河流，河水湍急，不停地打着漩涡，奔向远方。河上有一座独木桥，窄得每次只能容一人经过。

某日，东山上的羊想到西山上去采草莓，而西山的羊想到东山上去采橡果，结果两只羊同时上了桥，到了桥中心，彼此挡住了，谁也走不过去。

东山的羊见僵持的时间已很长了，而西山的羊照样没有退让的意思，便冷冷地说道：“喂，你的眼睛是不是长在屁股上了，没见我要去西山吗?”

“我看你是干脆连眼都没长吧，要不，怎么会挡我的道?”西山的羊反唇相讥。

“你让还是不让？不让开，我就闯。”东山的羊摇了一下头，那意思是：看到没有，我的犄角就像两把利剑，它正想尝尝你的一身肥肉是否鲜美呢。

“哼，跟我斗，没门!”西山的羊仰天长咩一声，便低头用犄角去顶东山的羊。

“好小子，我看你是不想活了。”东山的羊边骂边低头迎上西山的羊。

“咔”，这是两只羊的犄角相互碰撞的声音。

“扑通”，这是两只羊失足同时落入河水中的声音。

森林里安静下来，两只羊跌入河心以后淹死了，尸体很快就被河水冲走了。

谦让是一种美德。你若处处争强好胜，便会处处碰壁。而不懂得谦让所带来的恶果，有时是当事者自己都难以预料到的，当恶果发生时，你只能在上帝那里忏悔了。

心怀恶念终害己

有一天，狮王突然生病了，动物们知道后都纷纷赶来探望。

狼是马屁大王，它想现在机会来了，于是第一个赶到狮王的洞里，并带来它刚从农夫那里抓来的一只肥胖的母鸡，作为孝敬狮王的礼物。

狮王很高兴，对随后赶到的动物们说："狼是我朝的第一大忠臣，它对我的孝心、忠心，你们都有目共睹，今后，你们都要向它学习。"

"是，尊敬的大王。"众动物们虽然对狼不满，但慑于狮王的威风，都不敢对狼如何。

"尊敬的狮王，乌龟早就对你有二心，你看，到现在它还没来看你呢!"狼开始搬弄是非。但这句话被刚刚赶到的乌龟听到了，狮子立即对乌龟怒吼起来。

"尊敬的大王，我之所以来迟了，是因为我听到你生病的消息后，便急着四处寻医问药，想找到一个良方为你治病。"乌龟为自己辩解道。

"这么说你倒是对我最忠心的人，快把良方献出来。"狮子转怒为喜。

"大王，这是我从人类那里得来的一个秘方，告诉我的人据说还是华佗的后代呢。"乌龟说。

"快，快献出来。"狮王乐得手舞足蹈。

"秘方里说要治好大王的病，就必须剥下一匹狼的皮，趁皮还热乎乎的时候，包住你的身体，大王的病立刻就会好起来。"

狼立刻被捉住，活剥了皮。

心怀恶念的人，常想着对别人使圈套，却不明白，总有一天，自己会落入别人的网中。因此，千万不要用伤害他人的方式，来换取自身的利益。这是最愚蠢的办法。

两败俱伤

一只蜂房里的蜂后从海米德斯山飞上夏林比斯山，把刚从蜂房里取出来的蜜献给天神。天神对蜂后的奉献很高兴，就答应给它所要求的任何东西。

蜂后于是请求天神说：“请你给我一根刺，如果有人要偷我的蜜，我便可以刺他。”

天神很不高兴，因为他很爱人类，但因为已经答应，不便拒绝它的请求，于是天神回答蜂后说：“你可以得到刺，但那刺会留在对方的伤口里，你将因为失去刺而死亡。”

对于损害你利益的人，你有必要给他一点警告和惩罚。但是千万不要防卫过当，变成伤害别人的行为，这样反而会失去大家的支持，而且还会两败俱伤。

忍让避免危机

有一棵高大的橡树总是嘲笑河边的芦苇：“喂，伙计，你看我长得多高大伟岸啊！而你，那么瘦弱，真可怜！”

一阵狂风刮过，大橡树被连根拔起，吹到河边，落在芦苇丛中。大橡树惭愧地说：“唉，我真不明白，你们那么瘦弱，竟然没有被大风刮倒，而我，却被狂风摧残成了这个模样。”

“你和狂风抗争，最后你失败了；而我们正好相反，只要有一点微风，我们就在它面前弯下腰来，所以，我们能避免被摧残，不会被折断。”芦苇说。

古人曾说：“不有所忍，不可以尽天下之利。”的确，忍让几分，就可以避免危机，给自己带来长久的平安。

不要过分显露才华

有一个国王生性爱挥霍，生活中充满着奢华的宴会、漂亮的女人及竹歌宴舞等奢靡情事。一天，他的财政大臣决定策划一场前所未有、最壮观的宴会来讨国王的欢心。宴会一直延续到深夜，宾主尽欢，人人都认为这是他们参与过的最令人赞叹的盛事。

然而出人意料的是，第二天一早国王便下令逮捕了财政大臣，这名财政大臣被控窃占国家财富。并且，他被指控的罪行全部得到了国王的许可。最后财政大臣被送上了断头台。

在你渴望取悦你的上司时，可不要太过火地展现你的才华，否则你会激起他的畏惧和不安。如果你能让你的上司看起来比实质上聪慧，你就可以达到绝佳境界。

不要告诉别人你比他聪明

有这样一位年轻的纽约律师，他最近参加一个重要案子的辩论；这个案子牵涉到一大笔钱和一项重要的法律问题。

在辩论中，一位最高法院的法官对年轻的律师说："海事法追诉期限是6年，对吗？"

律师愣了一下，看看法官，然后率直地说："不，庭长，海事法没有追诉期限。"

这位律师后来对别人说："当时，法庭内立刻静默下来，似乎连气温也降到了冰点。虽然我是对的，他错了，我也如实地指了出来。但他却没有因此而高兴，反而脸色铁青，令人望而生畏。尽管法律站在我这边，但我却铸成了一个大错，居然当众指出一位声望卓著、学识丰富的人的错误。"

要比别人聪明，但不要告诉人家你比他更聪明。

改变规则摆困境

一个美丽的女孩子，郑重地立下了一个誓言：这辈子绝对不与自己不爱的男人接吻。否则，就把自己的嘴唇割掉。有一个男孩子爱上了她，并且趁她不备，大胆地吻了她的嘴唇。这件事使她惶惑又痛苦，因为她现在面临要不要遵守誓言割掉嘴唇的严重选择。

她向一位智者求教，智者告诉她：一切都取决于她对“爱”这个词的正确认识。

“那么，爱的定义是什么呢?”她迷惑地问。

“在他嘴唇接触你的瞬间，你感到快活么?”

“是的，似乎是的……”

“那么，我们就可以这样给爱情下一个定义：凡与之发生吻的动作时，能使我感到快活者，就是我爱的人。因此我不必为此举割掉嘴唇。”

女孩子保住了她的嘴唇。

不久，又有一个小伙子追求她，但是，她非常讨厌他。有一天，小伙子强行吻了她，她很愤怒，狠狠抽了那坏小子一个嘴巴。但是抽完就没事了，她一点不用为自己的嘴唇担忧。因为对于爱情，她又一次调整了一个新的定义：凡是虽然发生接吻行为——即使不是我情愿的，但只要我不认为已讨厌到非割嘴唇者，都可以认为是一种爱情行为。

如果不能改变结果，就改变游戏规则，很多时候，人们就是这样摆脱困窘的。

千万记住自己是谁

一只四处漂泊的老鼠在佛塔顶上安了家。

佛塔里的生活实在是幸福极了，它既可以在各层之间随意穿越，又可以享受到丰富的供品。它甚至还享有别人所无法想象的特权，那些不为人知的秘笈，它可以随意咀嚼；人们不敢正视的佛像，它可以自由休闲，兴起之时，甚至还可以在佛像头上留些排泄物。

每当善男信女们烧香叩头的时候，这只老鼠总是看着那令人陶醉的烟气，慢慢升起，它猛抽着鼻子，心中暗笑："可笑的人类，膝盖竟然这样柔软，说跪就跪下了！"

有一天，一只饿极了的野猫闯了进来，它一把将老鼠抓住。

"你不能吃我！你应该向我跪拜！我代表着佛！"这位高贵的俘虏抗议道。

"人们向你跪拜，只是因为你所占的位置，不是因为你！"

野猫讥讽道，然后，它像掰开一个汉堡包那样把老鼠掰成了两半。

倚仗着别人的优势得到一点点好处就沾沾自喜，这样的人很容易忘记了自己是谁，一不小心就会招来杀身之祸。

物竞天择，适者生存

白天，兔子在前面跑，老虎在后面追，晚上老虎在一棵大树下休息，兔子就在前面的一棵树下休息，第二天天刚亮，老虎一开始跑，兔子在前面也马上跑起来。

创造万物的宙斯问兔子："你为什么跑呢？"

兔子说："我不跑就会被老虎吃掉！"

宙斯点点头却不解地问老虎："兔子怕被你吃掉而奔跑，而你奔跑又是为了什么呢？"

老虎说："我不吃兔子就会被饿死呀！"

物竞天择，适者生存。如果你跑得不够快，不是没饭吃，就是被人吃掉。

不要忘乎所以

一只猫头鹰每到晚上才出来吃东西，白天就睡觉。有一天，正当它睡得很香时，被一只蚱蜢的声音吵醒了，它没法入睡，便急切地请求蚱蜢停止叫声。蚱蜢却根本不理它，仍然叫个不停。猫头鹰越不断地请求，蚱蜢反而越叫得响。猫头鹰被弄得无可奈何，烦躁不安。突然它想到一个好计策，便对蚱蜢说："听到你动听的歌声，我已睡不着了。你的歌声如同阿波罗神的七弦琴一样动听。我将把青春女神赫柏刚送给我的仙酒拿出来，痛痛快快地畅饮一场。你若不反对，就请上来一起喝吧。"蚱蜢这时正很渴，又被这赞美词弄得高兴得忘乎所以，什么也没想就急忙地飞了上去。结果，猫头鹰从洞中冲出来，把蚱蜢弄死了。

不要有一点点本事就飘飘然，忘乎所以，忘记了自己的地位和处境。如果你一定要那么做的话，只能是自找苦吃。

等待机会

狮子被猎人捕捉到了，并且关在笼子里走来走去。一只蚊子问它："你走来走去做什么呢？"

"我在找逃出去的路！"

狮子并没有找到可以逃出去的路，于是它躺下来休息，偶尔也起来走动走动。

"狮大王，你现在又在做什么呢？"蚊子问狮子。

狮子静静地说："我找不到路出去，所以我躺下来休息，并且也活动活动筋骨，我在等待机会呀！"

在无能为力的环境中，也要保持内心的清醒。只有这样你才能了解周围的环境的变化，也才能了解你宜于怎么做，做了之后的结果以及这结果所代表的意义！

不懂装懂要吃亏

一只居住在图书馆里的老鼠和一只居住在粮仓里的老鼠相遇了。图书馆里的老鼠摆出一副学者的架子，傲气十足地对粮仓里的老鼠说："可怜的家伙，为了糊饱肚子，你们甘愿住在干燥、憋闷的谷仓里。那里除了稻谷之外什么也没有。可想而知，只有物质满足，缺乏精神享受的生活该有多么乏味啊！图书馆里是多么安静啊，古今中外，经史子集，我都能见到。"

"这么说，您一定是位知识渊博的学者啦。"粮仓里的老鼠虔诚地说道。

"那当然，每本书的一字一句我都要细细咀嚼，一页页装进肚里。"

"这太好了，我正有一事需要像您这样知识渊博的老兄帮忙。"说完，粮仓里的老鼠把图书馆里的老鼠带到一座粮仓里，指着墙角的一个瓶子说："您认得字，请看看这标签上写的是'香麻油'还是'灭鼠药'。"图书馆里的老鼠根本不认识字。看见标签上三个黑糊糊的大字，是"香麻油"还是"灭鼠药"？就在它进退两难之时，有一股香油味从瓶口飘出，于是，它就凭直觉猜测断定："这是香油。"

"真的？您看清楚了吗？"

"没错，不信，我先喝给你看。"为了证明自己博学，同时也是为了一饱口福，图书馆里的老鼠搬倒瓶子就喝了起来。谁知只喝了几口，就浑身抽搐，不久，便四腿一蹬，死了。

后来，粮仓里的老鼠才知道，瓶子上写的分明是"灭鼠药"。

不懂装懂的人，一定没有好下场。如果你常常"不知为知之"，被虚荣所迷惑，是注定要上当吃亏的。

常存感恩之心

有一个人出外旅行，来到一条水流湍急的河边，他站在那里束手无策。有一个住在附近的人，看到他遭遇困难，就走过来，很爽快地把他扛在肩上，送到对岸。

由于这人没什么钱，不能给那个好心人适当的报酬，他站在河边，觉得很过意不去，但正当他心里这样想的时候，看到那个人又回到对岸，继续把不能过河的人送了过来。

于是，他走到那人身边说："现在我已经不再感激你了。根据我的观察，你有帮助任何人渡河的癖好。"

可当他回来的时候，那人却不再背他过河了。

不要把别人的帮助视为理所当然，而应学习常存感谢的心，并且期勉自己也成为能助人的人。否则，以后就再也不会有你认为理所当然的事情发生了。

自以为聪明的驴子

驴子一直怀疑马的听力有问题，决定好好考验一下它的听觉。

有一天，它轻手轻脚地走到马背后10米的地方。

"喂，老马，你听到我的声音了吗?"

马没有反应，它又走到5米的地方。

"老马，你听到我的声音了吗?"

马依然没有搭腔，它只好走到离马3米的地方。

"你听到我的声音了吗?"

"听见了。"马说，"这已经是我第三次回答你了!"

一个人最大的弱点，在于他自以为最聪明。当你封闭自己的内心时，别人的劝告进不了我们的心中。同样的，当我们自以为最聪明时，也正是愚昧的开始。

吹牛的代价

有一天，众多狐狸聚集在迈安特洛斯河边，想要喝河里的水。但因河水水流很急，它们彼此只是说说而已，不敢跳下河去。

其中有一只狐狸，嘲笑同伴胆小，为显示自己比它们勇敢，它壮着胆子跳入河中。湍急的河水一下就把它冲到了河心，站在河边的狐狸对它说："请不要离开我们，快回来，告诉我们从哪里可以安全下去喝水吧。"

被水冲走的狐狸却回答说："我想把一封寄往米利都的信送到那里去，回来后我再告诉你们吧。"

吹牛后要做的事也就是自己力所不能及的。既然力不能及，又不得不做，结果只有一个，那就是浪费时间精力。为吹牛皮而付出这么大的代价，实在很划不来。

寻找问题所在

有一个人睡在床上，总觉得睡不安稳。仰着睡则背痛，趴着睡则肚子会痛，侧着睡则腰会痛，坐着睡则臀部会痛。不论采用何种睡法，总是感到疼痛难耐，以致辗转反侧，夜夜难眠。

看了几次医生，吃了好几副药，一直都没有效果。有好心的朋友建议他，何不检查床铺，看看有没有问题。掀开床垫看，原来底下有一个硬邦邦的秤锤。

我们生命当中常常出现的不对劲，好像总不是表面的原因，是不是真正的症结点没有解决才问题百出？问题的解决之道在于寻找问题所在，而不在追究问题为何发生。

待己之心待人

有一只苍蝇对蜜蜂说："为什么人类都喜欢你，却非常讨厌我呢？"

蜜蜂回答说："因为我为人类服务，制造蜂蜜给他们。而你有没有为人类做什么事情呢？"

苍蝇生气地说："为什么我要为人类做事？他们都十分吝啬，只要我吃了他们一点点的食物，他们就会追着我打，我多希望身上有一根刺，可以狠狠地刺他们。”

许多时候遇到与我们利益相冲突的事情时，我们本能的自我保护就会出来，但也容易伤到别人。无论何事，我们愿意人怎样待自己，我们就要怎样待人。

各有长短

有一天，一头猪领着一群猪走进深山。

在山野中忽然遇见一头狮子。狮子看见猪群，高傲地吼道；“我是百兽之王，你们赶快退避。”那头猪回答道：“让我退避，这是不可能的。如果要与我决斗，我一定奉命相陪。请你暂时等一等，我要去披上我的铠甲。”这时，狮子感到费解，说道：“你算什么上等贵族吗？报上名来，看看是谁胆敢和我挑战？你既然要披铠甲，就随你便吧。”

那头猪立即往一个大粪坑里一跳，滚了一身污秽之物，重新走到狮子面前，说：“来，我与你决斗！”狮子一看，实在是没法下嘴，就说：“我是百兽之王，常以獐鹿等兽类为食物，有时稍稍劣等一点的我都不屑于吃，何况你这种不干净的脏东西。如果我与你决斗，实在是怕你把我弄脏了。”

强者有强者的弱点，弱者有弱者的强项。弱者的劣势中包含着优势，没有名气，也就没有面子，没有包袱，可以采取一切手段。

生存是一门学问

有一个人下山去看朋友，走到山路上时，看见几棵巨大的树，枝叶茂盛，可是伐木的工匠却站在一边，谁也不去砍伐。这人便问：“这么大的树，你们为什么不动手去砍伐呢？”工匠说：“这些树木质不好，没有什么用处。”这人想了想才明白：这些树正是因为没有用，所以才能长得这样高大。

下了山之后，到了朋友家，两人相见十分高兴，主人忙吩咐仆人杀鹅请客。仆人问道："我们家的鹅一只会叫，一只不会叫，杀哪一只才好呢?"主人不假思索地说："杀那只不会叫的好了。"

这人又糊涂了：刚才山上的树因无用而未终其天年，而今这只鹅因无用而被杀，到底是有用好还是无用好?

生存是一门学问，太强了树大招风，招人嫉妒；太弱了被人看不起，被人一脚踢开，把握好之间的度，才可以游刃有余。

苦难会增加力量

一位樵夫为了培养儿子的吃苦精神，便叫他挑柴火上集市去卖。儿子挺不愿意地挑了两挑，翻山越岭，肩挑柴火，着实把他给累坏了。挑了两天，就再也挑不动了。

父亲没办法，只好叹着气让儿子一边歇着去，自己还是一天接一天挣钱养家糊口。可天有不测风云，父亲不幸病倒了，这一躺就是半月起不了床。家里失去了生活来源，眼看就要断炊了。儿子没办法，终于主动地挑起了生活的重担，每天天不亮，他学着父亲的样子，上山砍柴，然后挑着到集市上卖，一点也不觉得累。

在苦难面前，不得不挑的担子自然就会变轻，因为苦难会增加你的力量。要想生存得更好，不妨自己给自己加一些苦难。

帮助人要因人而异

一只羚羊在逃命时，脚上扎了一枚钉子，它想了许多办法，都没有把它弄掉。同伴都为它担心，因为像它这样，说不定明天就会成为狮子的午餐。为了不至于失去一位好伙伴，它们打算向草原上的其他朋友求救，于是挂出牌子，说谁能帮着拔出钉子，必好好报答。

一天，一只飞向南方越冬的白鹤看到牌子，停了下来，它走近那只羚羊，然后用它又尖又长的嘴夹住钉子，一使劲拔了出来。羚羊们万分感激它。为了表达谢意，它们把它领到一个鱼虾最多的水塘边。白鹤饱饱地吃了一顿，带着它们的祝福继续向南飞。快离开大草原时，它决定休整一下，就在它准备找个地方落脚时，发现一头狮子，这头狮子正躺在一块石头上，周围是狐狸、豺狗和众多的小鸟。原来这头狮子在吃一只羚羊时，被骨头卡住了喉咙，它非常难受，正向草原上的鸟兽发布告示——谁能把那块骨头弄出来，重赏。白鹤从空中落到地上，摇摇自己的长脖子，心想，我的脖子这么长，肯定可以帮它这个忙，于是走近狮子，把脖子伸进它的嘴里，眨眼工夫，把骨头衔了出来。狮子非常满意，大吼一声，跳下石头，先抓了一只狐狸吞了下去。狮子回来，白鹤问："狮子先生，我的奖赏呢?"狮子一听，大为生气，说："你难道没得到奖赏吗?把头伸进我的嘴里，能活着出来，就是奖赏。"

帮助别人也要因人而异。在善良人那里，你能获得羚羊式的报答；而在坏人那里，你只能获得狮子式的奖赏。对坏人行善的报酬，就是认识坏人不讲信用的本质。

警惕小缺点

老虎自恃森林之王，整天专吃野鸡野兔及一些小动物。有一天，老虎觅食时遇到了一只牛虻。"不要在我眼皮底下打扰我觅食，否则我要吃掉你。"老虎生气地喝道。

"嘻嘻，只要你够得着就来吃呀。"牛虻嘲笑老虎，并且爬在老虎鼻子上吸血。老虎用爪子来抓，牛虻又飞到老虎背上，钻进虎皮中吸血。老虎恼怒地用钢鞭一样的尾巴驱赶牛虻，牛虻越钻越深，老虎躺在地上打滚企图压死牛虻。牛虻立刻飞走了，不一会儿引来一大群同伙，群起而攻之。没过多久老虎便奄奄一息了。

生活中最大的敌人就是自己不屑一顾的小缺点。很多时候，你之所以被打败是因为你轻小重大的思想滋长了这些小毛病小缺点，这是应该警惕的。

对敌人不要抱有希望

有一天，猫不怀好意地、假惺惺地举办生日宴会，请来许多鸡赴宴。鸡刚一到齐，猫立刻就关上大门，把它们统统吃掉了。

对于敌人不要抱有任何美好的希望，否则将遭受更大的不幸。

妇人之仁铸大错

一匹狼跑到牧羊人的农场，想捕杀一只小羊来吃，牧羊人的猎犬追了过来，这只猎犬非常高大凶猛，狼打不过也跑不掉，便趴在地上流着眼泪哀求，发誓它再也不会来打这些羊的主意。猎犬听了它的话语，看了它的眼泪，非常感动与不忍，便放了这匹狼。想不到这匹狼在猎犬回转身的时候，纵身咬住了猎犬的脖子，幸亏主人及时赶来，才救了猎犬一命，但猎犬也流了很多血，它伤心地说："我原不应该被狼的话所感动的！"

妇人之仁有时可以发挥很大的感化力量，有时反而会成为一个人生存的负担。所以应该训练自己的思考与判断能力，用理性与智慧来指引你的行为，而不要让感情牵动你的思考。

兽中之王不好做

有一次，猴子在野兽的集会上跳舞，赢得了大家的好感，被推选为王。狐狸十分嫉妒，当它发现一个捕兽夹子里放着肉，便把猴子骗到那里去，说它发现一个宝物，自己没敢动用，留给王室作贡品，并劝它亲自去取。

猴子轻快地跑了上去，结果被夹子夹住了。它斥责狐狸陷害它，狐狸却说：“猴子，凭你这点小小的本事，你这笨蛋还想做兽中之王吗?”

兽中之王不好做。若没有狮子的威猛，或者狐狸的狡猾，又怎么能好好地统领百兽呢？当王是需要智慧的。没有智慧莫当头，否则那是玩火自焚。

学会接受自己

鸡冠花和玫瑰生长在一起。有一天，鸡冠花对玫瑰说：“你是何等美丽的花朵啊，大家都喜爱你的芬芳和美色，多让人羡慕啊。”

玫瑰却回答道：“鸡冠花啊，我的美丽是不长久的，但你却可以一直开着花朵，青春永远不凋谢。”

自己是自己，别人是别人，人人头上各有一片天，你有你的生存方式，欣然接受自己的一切才是最好的生存之道。

离开避风港的危险

一只螃蟹离开海水，独自住在海岸边。有只饥饿的狐狸正愁没有吃的，看见它后，便跑过去捉住要吃掉它。蟹在将要被狐狸吞食之前，悔不当初地叫道：“我本应该生活在大海里，却偏要到陆上来。我根本就是自作自受!”

没有避风港的人，他的处境是危险的。对每一个生命体来说，他的能力都是有限的，仅保证能在某一环境中存活下来。离开了这个环境，他会感到无所适从，可能会遭遇不幸。

把智慧带在身边

狐狸和豹正在争辩谁比较美丽。豹炫耀地说："你看我身上有这么多色彩美丽的花纹斑点，谁比得过我？"狐狸则回答道："我才是最美的，只是我的美丽不是装饰在身上的斑纹，而是用之不竭的智慧。"

与其把华丽的衣服穿在身上，不如把智慧带在身边。能够从以往的经验中学到智慧的人，面对人生难题所表现的毅力以及解决问题的能力肯定比那些只会讲究外在服饰的人强得多。

做人要懂得谦虚之道

为了争夺母鸡，两只公鸡打了起来，其中一只把另一只打跑了。那只被打败的只好躲进有遮盖的地方，那只打胜的却飞到高墙上大喊大叫。这时一只鹰猛飞过来，将它抓走了。

这以后，那只被打败的公鸡平平安安地占有了那些母鸡。

傲慢给人带来危害，谦卑给人恩惠。做人要懂得谦卑之道，很多好事就可能随之而来。

不要帮助威胁自己的人

一个人来到森林里，请求树给他一根树枝做斧子柄。树答应了他的请求，给他一根小树枝。他用小树枝做成了斧子柄，完好的装在斧子上，接着抡起斧子砍起树来。他很快就砍倒了森林中最贵重的大树。

一棵老橡树悲伤地看着同伴被砍毁，无能为力，他对身旁的柏树说：

“我们是自己葬送了自己。如果我们不给他那根小树枝，他就无法砍伐我们，也许我们能永久地站立在这里。”

不能帮助对自己构成威胁的对象，哪怕是一个小小的帮助。帮助了之后反而很有可能招来杀身之祸。

学会飞翔

一位农妇种了一些黄豆。由于天气干旱、田鼠为患的缘故，她把种子埋得很深。

过了几天，她带上年仅六岁的儿子去察看。翻开土壤，她发现，很多种子都长出了长茎，顶着两瓣黄黄的嫩芽，在土壤的空隙中艰难地往上生长着，很快就要破土而出。

儿子惊讶地问：“妈妈，小苗长眼睛了吗？”

“没有。”

“那它们怎么都知道要往上长，而不往下长呢？”

“因为它要寻找太阳，没有阳光它们最终会死的。”

儿子又问农妇：“妈妈，我要是没有阳光会死吗？”

答案是肯定的，但农妇不敢这样回答，只好对他说道：“孩子，你放心，不会没有阳光的。”

有个人说过：“上帝关上了门，却打开了窗。我们不能再像以前那样行走，却可以开始学习飞翔！”

当我们遭遇困境时，请想想这句话吧。其实，人的生命里时常会有失去阳光的日子，就像种子被埋在土里一样。埋得很深的种子，固然生长艰难，但长大后必定根深叶茂，能经风雨。种子没长眼睛，但向上的种子告诉我们，阳光就在自己的头顶……

意志就是力量

山洪暴发。一个人被湍急的河水冲走后，像一片草叶似地顺流而下。这时，那人多么想抓住一样东西呀，哪怕是一根芦苇、一把水草也好。然而四面都是水，他什么也抓不住，心想这下没救了，死就死吧！这个念头一出，身上立刻没劲了，也没有力气挣扎了，整个身子渐渐地往下沉。

正在这时，他想起去年夏天来河边玩耍时，离这下游不远处的河岸边有一棵老树，是斜着长的，其中有一根粗大的树枝正好贴在水面上……

想到这里，他心里顿时有了希望。有了希望，他心也不慌了，力气也出来了，就拼命挣扎、坚持，终于到了那棵老树前。他拼命拽住那伸向河中的树枝，谁知那树枝早已枯死了，经他使劲一拽，“咔嚓”一声断了……

这时，有人经过了这里，他终于被救上了岸。事后他说，要是早知道那是一节枯枝，他根本坚持不到那儿。

一句拉丁美洲谚语说：“意志就是力量。”

死神也是害怕希望的，哪怕这希望只是一节枯枝。

专家告诉我们，精神因素是走出绝境的一个关键所在。当生命处在恶劣环境中，必须保持镇静，克服绝望、恐惧和孤立无援的心理压力，只有临危不惧，才能以清醒的头脑来分析周围环境，利用一切有利的自然条件，因势利导，转危为安地走出绝境。精神作用是强大的，身体往往为精神所控制，一旦意志垮了，再健康的身体也会莫名其妙地感到疲倦。

母爱的力量

一对同是登山运动员的夫妇，为庆祝他们儿子一周岁的生日，决定背着儿子登上 7000 米的雪山。他们特意挑选了一个阳光灿烂的好日子，一切准备就绪之后就踏上了征程。

登山伊始，天气一如预报中的那样，太阳当空，没有风，也没有半片云彩。夫妇俩很快就轻松地登上了5000米的高度。

然而，就在他们稍事休息、准备向新的高度进发时，一件意想不到的事发生了。风云突起，一时间狂风大作，雪花飞舞，气温陡降至零下三四十度。

最要命的是，由于他们过于相信天气预报，从而忽略了携带至关重要的定位仪。风势很大，能见度不足1米，上或下都意味着危险甚至死亡。两人无奈，情急之中找到一个山洞，只好进洞暂时躲避风雪。

气温继续下降，妻子怀中的孩子被冻得嘴唇发紫。最要紧的事是他要吃奶了！要知道在如此低温的环境下，任何一寸裸露在外的皮肤都会导致体温迅速降低，时间一长就会有生命危险。怎么办？孩子的哭声越来越弱，他很快就会因为缺少食物而被冻饿而死。

丈夫制止了妻子几次要喂奶的要求，他不能眼睁睁地看着妻子被冻死。然而如果不给孩子喂奶，孩子就会很快死去。妻子哀求丈夫："就喂一次！"

丈夫把妻子和儿子揽在怀中。喂过一次奶的妻子体温下降了两度，她的体能受到了严重损耗。

由于缺少定位仪，漫天风雪中救援人员根本找不到他们的位置，这意味着风如果不停，他们就没有被救的希望。

时间在一分一秒地流逝，孩子需要一次又一次地喂奶，妻子的体温在一次又一次地下降。在这个风雪狂舞的5000米高山上，妻子一次又一次地重复着平常极为简单而现在却无比艰难的喂奶动作。她的生命在一次又一次的喂奶中一点点地消逝。

三天后，当救援人员赶到时，丈夫已经冻得昏倒在妻子的身旁，而他的妻子——那位伟大的母亲已被冻成一尊雕塑，她依然保持着喂奶的姿势屹立不倒。她的儿子，她用生命哺育的孩子正在丈夫怀里安然地睡眠，他脸色红润，神态安详。

被伟大的生命的爱包裹的孩子，你是否知道你有一位伟大的母亲，她的母爱可以超越5000米的高山而在风雪之中塑造生命。

为了纪念这位伟大的母亲、妻子，丈夫决定将妻子最后的姿势铸成铜像，让妻子最后的爱永远流传，并且告诉孩子，一个平凡的姿势只要倾注了生命的爱，便可以伟大并且抵达永恒。

姿势，是人生的一个写照。

在世界上，有各种各样的姿势。但只有母爱的姿势，是最伟大、最值得称颂的。这位伟大的母亲，以一个屹立不倒的姿势而永恒。儿子的生命是她生命的延续。

我们每一个人脆弱的生命，不都是在母爱的呵护、牵引下坚强起来的吗？如果生命中没有了母爱，那么生命会多么冷漠和枯萎。

母爱的力量就是我们生命的力量啊！

生命需要信念

美国作家欧·亨利在他的小说《最后一片叶子》里讲了这样一个的故事：病房里，一个生命垂危的病人从房间里看见窗外的一棵树，树叶在秋风中一片片地掉落下来。病人望着眼前的萧萧落叶，身体也随之每况愈下，一天不如一天。

她说："当树叶全部掉光时，我也就要死了。"

一位老画家得知后，用彩笔画了一片叶脉青翠的树叶挂在树枝上。

最后一片叶子始终没有掉下来。只因为生命中的这片绿，病人竟奇迹般地活了下来。

只要心存信念，总有奇迹发生，希望虽然渺茫，但它永存人世。

许多科学家主张，躯体的疾病防治系统要与信念系统密切联系。因为希望、期待、信念和生存意识能够在与疾病作斗争中起重要作用。

如果说人生是那参天的大树，信念就是那挺立的树干。树干一倒，大树则倾；信念一失，人生则危。生命需要信念，有了信念，才可以使你拨开云雾，见到光明，见到希望。

爱惜生命

一天，年少的阿巴格和他父亲在广袤的内蒙古草原上迷了路。阿巴格又累又怕，快走不动了。

这时，父亲从兜里掏出了五枚硬币。他将其中一枚硬币埋在草地里，把其余四枚放在阿巴格的手上，说："人生有五枚金币，童年、少年、青年、中年、老年各有一枚，你现在才用了一枚，就是埋在草地里的那一枚，你不能把五枚都扔在草原里。你要一点点地用，每一次都用出不同效果来，这样才不枉人生一世。今天我们一定要走出草原，你将来也一定要走出草原。世界很大，人活着，就要多走些地方，多看看，不要让你的金币没有用就扔掉。”

在父亲的鼓励下，阿巴格终于走出了大草原。长大后，阿巴格离开了家乡，成了一名优秀的船长。

在人的一生中，若珍视生命，就能走出挫折的沼泽地，生命就会慷慨地赠与，给你事业的成功，给你真正的财富；若你不爱惜生命，虚掷生命，生命会无情地抛弃你。

人之所以活着的一个简单原因，就是为了不辜负生命。同样的生命，不同的活法，命运在于选择正确的人生，只要热爱生命，一切都在掌握中。正如古代诗人所说：“每个人都是自身的设计师。”让我们珍惜生命、珍惜我们身边的每一个人、每一份情感……

学会因时制宜

一场暴雨引发山洪，雨水渐渐淹没了整个小山村。一位神父在教堂里祈祷，眼看洪水已经淹到他跪着的膝盖了。

一个救生员驾着舢板来到教堂，跟神父说：“神父，赶快上来吧！不然洪水会把你淹死的！”

神父说：“不！我深信上帝会来救我的，你先去救别人好了。”

过了不久，洪水已经淹过神父的胸口了，神父只好勉强站在祭坛上。

这时，又有一个警察开着快艇过来，跟神父说：“神父，快上来，不然你真的会被淹死的！”

神父说：“不，我要守住我的教堂，我相信上帝一定会来救我的。你还是先去救别人好了。”

又过了一会，洪水已经把整个教堂淹没了，神父只好紧紧抓住教堂顶端的十字架。

一架直升机缓缓地飞过来，飞行员丢下了绳梯之后，大叫：“神父，快上来，这是最后的机会了，我们可不愿意见到你被洪水淹死！”

神父还是意志坚定地说：“不，我要守住我的教堂！上帝一定会来救我的。你还是先去救别人好了。上帝会与我同在的!”

洪水滚滚而来，固执的神父终于被淹死了……

神父上了天堂，见到上帝后很生气地质问：“主啊，我终生奉献自己，战战兢兢地侍奉您，为什么您不肯救我?”

上帝说：“我怎么不肯救你? 第一次，我派了舢板来救你，你不要，我以为你担心舢板危险；第二次，我又派一只快艇去，你还是不要；第三次，我以国宾的礼仪待你，再派一架直升机来救你，结果你还是不愿意接受。所以，我以为你急着想要回到我的身边来，可以好好陪我。”

其实，生命中太多的障碍，皆是由于过度的固执与愚昧的无知所造成。固执的人坚持己见，自以为是；而愚昧和无知则是人的最大悲哀，也是区分人和其他动物的原则之一。人之所以为人，是因为他们有知，因为他们有识。

在别人伸出援手之际，别忘了，惟有我们自己也愿意伸出手来，别人才能帮得上忙的！生命是宝贵的，在特定条件下，我们要学会因时制宜，而不要执迷不悟。

人生的真实写照

有弟兄俩，家住在80层楼上。一天他们外出旅行回家时，发现大楼停电了！虽然他们背着大包的行李，但看来没有什么别的选择，于是哥哥对弟弟说，我们就爬楼梯上去！

于是，他们背着两大包行李开始爬楼梯。爬到20楼的时候他们开始累了，哥哥说：“包太重了，不如这样吧，我们把包放在这里，等来电后坐电梯来拿。”于是，他们把行李放在了20楼，轻松多了，继续向上爬。

他们开始有说有笑地往上爬。但好景不长，到了40楼，两人实在累了。想到只走了一半的路程，两人开始互相埋怨，指责对方不注意大楼的停电公告，才会落得如此下场。他们边吵边爬，就这样一路爬到了60楼。

到了60楼，他们累得连吵架的力气也没有了。弟弟对哥哥说：“我们不要吵了，爬完它吧。”于是他们默默地继续爬楼，终于80楼到了！兴奋地来到家门口，兄弟俩才发现他们的钥匙留在20楼的包里了……

这实际上就是我们人生的真实写照：20岁之前，我们活在家人、老师的期望下，背负着很多压力、包袱，自己也不够成熟、能力不足，因此步履难免不稳。20岁之后，离开了众人的压力，卸下了包袱，开始全力以赴地追求自己的梦想，就这样愉快地过了20年。可是到了40岁，发现青春已逝，不免产生许多遗憾和追悔，于是开始遗憾这个、惋惜那个、抱怨这个、嫉恨那个……就这样在抱怨中度过了20年。到了60岁，发现人生已所剩不多，于是告诉自己不要再抱怨了，就珍惜剩下的日子吧！于是默默地走完了自己的余年。到了生命的尽头，才想起自己好像有什么事情没有完成……原来，我们所有的梦想都留在了20岁的青春岁月，还没有来得及完成……

快乐的人生是一次成功的旅行

有一个美国商人坐在墨西哥海边一个小渔村的码头上，看着一个墨西哥渔夫划着一艘小船靠岸。小船上有好几尾大黄鳍鲔鱼，这个美国商人对墨西哥渔夫能抓这么高档的鱼恭维了一番，追问要多长时间才能抓这么多?

墨西哥渔夫说："一会儿工夫就抓到了。"

美国人再问："你为什么不呆久一点，好多抓一些鱼?"

墨西哥渔夫觉得不以为然："这些鱼已经足够我一家人的生活所需啦!"

美国人又问："你一天剩下那么多时间，都在干什么?"

墨西哥渔夫解释："我呀，每天睡到自然醒，出海抓几条鱼，回来后跟孩子们玩一玩，再跟老婆睡个午觉，黄昏时晃到村子里喝点小酒，跟哥儿们玩玩吉他，我的日子过得充实又忙碌呢!"

美国人不以为然，帮他出主意，他说："我是美国哈佛大学的工商管理硕士，我倒是可以帮你忙。你应该每天多花一些时间去抓鱼，到时候你就有钱去买条大一点的船，自然你就可以抓更多的鱼，再买更多的渔船，然后你就可以拥有一个渔船队。到时候你就不必把鱼卖给鱼贩子，而是直接卖给加工厂，然后你可以自己开一家罐头工厂。如此你就可以控制整个生产、加工处理和行销。然后你可以离开这个小渔村，搬到墨西哥城，再搬到洛杉矶，最后到纽约。在那里经营你不断扩充的企业。"

墨西哥渔夫问："这要花多少时间呢?"

美国人回答："十五到二十年。"

"然后呢？"

美国人大笑着说："然后你就可以在家当皇帝啦！时机一到，你可以宣布股票上市，把你的公司股份卖给投资大众。到时候你就发啦，你可以几亿几亿地赚！"

"然后呢？"

美国人说："到那个时候你就可以退休啦，你可以搬到海边的小渔村去住。每天睡到自然醒，出海随便抓几条鱼，跟孩子们玩一玩，再跟老婆睡个午觉，黄昏时，晃到村子里喝点小酒，跟哥儿们玩玩吉他了！"

墨西哥渔夫疑惑地说："我现在不就是这样子吗？"

人生在世，谁都希望生活得快快乐乐。快乐的人生是一次成功的旅行。拥有快乐的心情会感到活着是美好的，但只有理解了快乐的真谛，才可能拥有真正快乐的人生。

人生，到底在追求什么？人生不是为了追求而追求，而是乐在其中，随时随地都能自在快乐，觉得自己很满足、很幸福。若你只想追求什么，而没有享受生命，到最后就算达成目标，也不一定会感到喜悦、安乐、自然与满足。每个人都应该想一想，要选择什么样的适合自己的生活方式。

生命就是一连串的选择

杰瑞是美国一家餐厅的经理，他总是有好心情。当别人问他最近过得如何，他总是有好消息可以说，他总是回答："如果我再过得好一些，我就比双胞胎还幸运了。"

没有人能够老是那样地积极乐观，杰瑞是如何办到的？

杰瑞说："每天早上我起来告诉自己，我今天有两种选择，可以选择好心情，也可以选择坏心情，我总是选择有好心情；如果有不好的事发生，我可以选择做个受害者，或是选择从中学习，我总是选择从中学习；每当有人跑来跟我抱怨，我可以选择接受抱怨，或者指出生命的光明面，我总是选择指出生命的光明面。"

当他换工作的时候，许多服务生都跟着他从这家餐厅换到另一家。因为大家都觉得杰瑞是个天生的激励者。如果某位员工今天运气不好，杰瑞总是适时地告诉那位员工往好的方面想。

有一天，他忘记关上餐厅的后门，结果早上三个武装歹徒闯入抢劫，他们要挟杰瑞打开保险箱，由于过度紧张，杰瑞弄错了一个号码，造成抢匪惊慌，开枪射击杰瑞。幸运地，杰瑞很快被邻居发现，紧急送到医院抢救，经过十八个小时的外科手术，以及医院的关心照顾，杰瑞终于出院了，但还有一颗子弹留在他身上……

事件发生六个月之后，有人问杰瑞最近怎么样。

他回答："如果我再过得好一些，我就比双胞胎还幸运了。要看看我的伤痕吗？"

杰瑞说，他当时第一件想到的事情是应该锁后门的。当歹徒击中他之后，他躺在地板上，还记得他有两个选择：可以选择生，也可以选择死。而他选择活下去。

生命就是一连串的选择，每种状况都是一个选择，你选择如何响应，你选择人们如何影响你的心情，你选择如何过你的生活。

杰瑞能活下去，当然要归功于医生的精湛医术，但同时也是由于他令人惊异的态度。从他身上我们能学到，每天你都能选择享受你的生命，或是憎恨它。这是惟一一件真正属于你的权利——没有人能够控制或夺去的东西——就是你的态度。如果你能时时注意这个事实，你生命中的其它事情都会变得容易许多。

放下自我

有一条小河从遥远的高山上流下来，经过了很多村庄与森林，最后它来到一片沙漠。它想："我已经越过了重重障碍，这次应该也可以越过这片沙漠吧！"

当它决定越过这片沙漠的时候，它发现它的河水渐渐消失在泥沙当中，它试了一次又一次，总是徒劳无功，于是它灰心了。

"也许这就是我的命运吧，我永远也到不了传说中那浩瀚的大海。"它颓丧地自言自语。

这时候，四周响起了一阵低沉的声音："如果微风可以跨越沙漠，那么河流也可以。"原来这是沙漠发出的声音。

小河很不服气地回答说："那是因为微风可以飞过沙漠，可是我却不行。”

“因为你坚持你原来的样子，所以你永远无法跨越这片沙漠。你必须让微风带着你，飞过这片沙漠，到达你的目的地。只要你愿意放弃你现在的样子，让自己蒸发到微风中。”沙漠用它低沉的声音说。

小河从来不知道有这样的事情，也无法接受这样的概念，毕竟它从未有过这样的经验，因此它说：“放弃我现在的样子，然后消失在微风中？不！不！”叫它放弃自己现在的样子，那不等于是自我毁灭吗？

但小河又问：“我怎么知道这是真的？”

“微风可以把水汽包含在它之中，然后飘过沙漠，到了适当的地点，它就把这些水汽释放出来，于是就变成了雨水，然后这些雨水又会形成河流，继续向前进。”沙漠很有耐心地回答。

“那我还是原来的河流吗？”小河问。

“可以说是，也可以说不是。”沙漠回答：“不管你是一条河流或是看不见的水蒸气，你内在的本质从来没有改变过，你坚持你是一条河流，是因为你从来不知道自己内在的本质。”

此时小河的心中，隐隐约约地想起了似乎自己在变成河流之前，也是由微风带着自己，飞到内陆某座高山的半山腰，然后变成雨水落下，才变成今天的河流。

于是小河终于鼓起勇气，投入微风张开的双臂，消失在微风中，让微风带着它，奔向它生命中（某个阶段）的归宿。

我们的生命历程往往也像小河一样，想要跨越生命中的障碍，达成某种程度的突破，也需要有“放下自我（执着）”的智慧与勇气，迈向未知的领域。也许你可以试着问自己：“我的本质是什么？我紧抓不放的是什么？我要的究竟是什么？”

生命中不一定只有一种形式。当环境无法改变时，试着改变你自己。只要本质不变，你依旧是你。

第二章　拨动纯洁的青春心弦

真实地生活

从前，有一个青年要到一个村庄去办事，途中要经过一座大山。临行前，家人嘱咐他：遇到野兽也不必惊慌，爬到树上，野兽便奈何不了你了。

年轻人牢记在心，一个人上路了。

他小心翼翼地走了很长时间，并没有发现有野兽出现，看来家人的担心是多余的了。他放下心来，脚步也轻松了几分。正在这时，他突然看到一只猛虎飞驰而来，于是连忙爬到树上。

老虎围着树干咆哮不已，拼命往上跳。年轻人本想抱树干，但却因为惊慌过度，一不小心从树上跌了下来，刚好跌在猛虎背上。他只得抱住虎身不放，而老虎也受了惊吓，立即拔腿狂奔。

另外一个路人不知事情的缘由，看到这一场景，十分羡慕，赞叹不已：“这个人骑着老虎多威风，啊！简直就像神仙一般快活。”

骑在虎背上的年轻人真是苦不堪言：“你看我威风快活，却不知我是骑虎难下，心里惶恐万分，怕得要死呢!”

看起来威风凛凛也许苦不堪言。所以，生活中切勿盲目地羡慕别人，而要真实地生活在自己的世界里。

打开心结

古罗马时代，一位预言家在一座城市内设下了一个奇特难解的结，并且预言，将来解开这个结的人必定是亚细亚的统治者。长久以来，虽然许多人勇敢尝试，但是依然无人能解开这个结。

当时身为马其顿将军的亚历山大，也听说了关于这个结的预言，于是趁着驻兵这个城市之时，试着去打开这个结。

亚历山大连续尝试了好几个月，用尽了各种方法都无法打开这个结，真是又急又气。

有一天，他试着解开这个结又失败后，恨恨地说："我再也不要看到这个结了。"

当他强迫自己转移注意力，不再去想这个结时，忽然脑筋一转，他抽出了身上的佩剑，一剑将结砍成了两半儿——结打开了。

勇敢地跳出思想的绳索，打开心结。过后会发现，事情实际上没有看到的和想象中的那么困难。积极一点，什么都会给你让路。

珍惜现在

一个小姑娘坐在公园的长椅上发愁，她被一场车祸夺去了一条腿。

她一定不知道，在她旁边的草丛里，一只小松鼠正悄悄地看着她。它已经好几天没吃东西了，此刻正羡慕地看着小姑娘陷入遐想："如果我是这个小姑娘该多好——哪怕是个只有一条腿的小姑娘呢。"

不要总羡慕别人拥有的，想想自己拥有的，其实自己拥有的东西好多人都是没有的。好好珍惜，那样幸福快乐会时常萦绕在你身边。

抛弃是万灵之药

一个人得了难治之症，终日为疾病所苦。为了能早日痊愈，他看过了不少医生，都不见效果。他又听人说远处有一个小镇，镇上有一种包治百病的水，于是就急急忙忙赶过去，跳到水里去洗澡。但洗过澡后，他的病不但没好，反而加重了。这使他更加困苦不堪。

有一天晚上，他在梦里梦见一个精灵向他走来，很关切地询问他："所有的方法你都试过了吗?"

他答道："试过了。"

"不，"精灵摇头说，"过来，我带你去洗一种你从来没有洗过的澡。"

精灵将这个人带到一个清澈的水池边对他说："进水里泡一泡，你很快就会康复。"说完，就不见了。

这病人跳进了水池，泡在水中。等他从水中出来时，所有的病痛竟然真的消失了。他欣喜若狂，猛地一抬头，发现水池旁的墙上写着"抛弃"两个字。

这时他也醒了，梦中的情景让他猛然醒悟：原来自己一直以来任意放纵，受害已深。于是他就此发誓，要戒除一切恶习。他履行自己的誓言，先是苦恼从他的心中消失，没过多久，他的身体也康复了。

抛弃是治疗百病的万灵之药，人之所以有很多难缠的情感，就是因为在大多数情况下，舍不得放弃。把消极扔掉，让积极代替，就没有什么可抱怨的了。

坦然面对困难

有一处地势险恶的峡谷，涧底奔腾着湍急的水流，而所谓的桥则是几根横亘在悬崖峭壁间光秃秃的铁索。

一行四人来到桥头，一个盲人、一个聋子，以及两个耳聪目明的正常人。四个人一个接一个抓住铁索，凌空行进。

结果呢？盲人、聋子过了桥，一个耳聪目明的人也过了桥，另一个则跌下深渊丧了命。

难道耳聪目明的人还不如盲人、聋人吗？

是的！他的弱点恰恰源于耳聪目明。

盲人说："我眼睛看不见，不知山高桥险，心平气和地攀索。"

聋人说："我耳朵听不见，不闻脚下咆哮怒吼，恐惧相对减少很多。"

那个过了桥的耳聪目明的人则说："我过我的桥，险峰与我何干？激流与我何干？只管注意落脚稳固就够了。"

积极地面对周围的环境，不要被虚张声势所威吓，要知道，那多半都是纸老虎，唯有一颗坦然面对而又积极进取的心才可排除虚张声势对你的威吓。

希望是积极心态的催生剂

亚历山大大帝给希腊世界和东方、远东的世界带来了文化的融合，开辟了一直影响到现在的丝绸之路的丰饶世界。据说他为此投入了全部热情与活力，出发远征波斯之际，曾将他所有的财产分给了大臣。

为了登上征伐波斯的漫长征途，他必须买进种种军需品和粮食等，为此他需要巨额的资金。但他却把全部财产都给臣下分配光了。

群臣之一的庇尔狄迦斯深以为怪，便问亚历山大大帝："陛下带什么启程呢？"

对此，亚历山大回答说："我只有一件财宝，那就是'希望'。"

据说，庇尔狄迦斯听了这个回答以后说："那么请允许我们也来分享它吧。"

于是他谢绝了分配给他的财产，而且大臣中的许多人也仿效了他的做法。

所有的人都生活在希望之中，希望是积极心态的催生剂，有了希望，又有一颗积极的心，没有办不成的事情。

积极面对缺陷

从前在夏威夷有一对双胞胎王子，有一天国王想为儿子娶媳妇了，便问大王子喜欢什么样的女性。王子回答：“我喜欢瘦的女孩子。”而知道了这个消息的年轻女性想：“如果顺利的话，或许能攀上枝头做凤凰。”于是大家争先恐后地开始减肥。

不知不觉，岛上几乎没有胖的女性了。不仅如此，因为女孩子一碰面就竞相比较谁更苗条，甚至出现了饿死的情况。

但后来事情的变化急转直下，大王子因为生病一下子就过世了，因此仓促决定由弟弟来继承王位。于是国王想为小王子娶媳妇，便问他同样的问题。“比起这样的女孩子，我比较喜欢丰满的女性。”小王子说。

而知道消息的岛上年轻女性，又开始大吃大喝以求增肥，不知不觉间，岛上几乎没有瘦的女性了。岛上的食物被吃得乱七八糟，为预防饥荒而储存的粮食也几乎被吃光了。而最后王子所选的新娘，却是一位不胖不瘦的女性。王子的理由是：“如果是不瘦不胖的女性，不必担心她会饿死，永远都能保持健康。”

你的缺陷可能是你的优势，不要一味地掩饰自己的缺陷，也不要努力使自己的缺陷去迎合世俗，那大可不必，积极面对你的缺陷，放对了地方，那缺陷也就变成了优势。

快不快乐由你想

有一次，一个人把车开到一个加油站去加油。那天天气很好，他也感觉很舒服。当他走到加油站，有个年轻人站在那儿，不经意地说了一句：“你身体好不好？”

他说：“我觉得很好啊。”

“你好像有病！”年轻人不经意地说。

他回答了年轻人，这一次可能没有前面一样自信了。

“我觉得很好啊，我再好不过了。”

年轻人坚持说：“你看起来并不太好，你气色不对，你脸色很黄的。”

他开车离开了那个加油站，车还没开到另一交叉道时，他停下车来看看镜子里到底是怎么一回事！但是，什么也没有看出来。

忧心忡忡的他回到家中，还是继续寻找脸黄的原因。

他想：我的肝可能有问题，我可能病了自己还不知道。为此他感到更加焦虑了。

妻子回来后说：“你今天气色很好啊！有什么好事吗？”

他又觉得自己很健康了。

使你快乐或不快乐的，不是你有什么，你是谁，你在哪里，或你正在做什么，而是你对它的想法，你对它的看法。消极应付还是积极面对，完全看你对他的想法。

寻找快乐和幸福

有人问乐观者：“假如你一个朋友也没有，你还会高兴么？”

“当然，我会高兴地想，幸亏我没有的是朋友，而不是我自己。”

“假如你正行走间，突然掉进一个泥坑，出来后你成了一个脏兮兮的泥人，你还会快乐么？”

“当然，我会高兴地想，幸亏掉进的是一个泥坑，而不是无底洞。”

“假如你被人莫名其妙地打了一顿，你还会高兴么？”

“当然，我会高兴地想，幸亏我只是被打了一顿，而没有被他们杀害。”

“假如你在拔牙时，医生错拔了你的好牙而留下了患牙，你还会高兴么？”

“当然，我会高兴地想，幸亏他错拔的只是一颗牙，而不是我的内脏。”

“假如你正在打瞌睡时，忽然来了一个人，在你面前用极难听的嗓门唱歌，你还会高兴么？”

“当然，我会高兴地想，幸亏在这里号叫着的，是一个人，而不是一匹狼。”

“假如你马上就要失去生命，你还会高兴么？”

“当然，我会高兴地想，我终于高高兴兴地走完了人生之路，让我随着死神，高高兴兴地去参加另一个宴会吧。”

痛苦往往是不请自来，而快乐和幸福往往需要人们去发现，寻找。你对自己的态度，可以决定你的快乐与悲哀。只要你希望自己快乐，你就能得到快乐。

态度决定心情

用餐的客人问服务生：“明天天气预报如何？”

服务生肯定地说：“会是我喜欢的天气。”

客人不解地问：“你怎么知道正好是你喜欢的天气？”

服务生：“我发现环境不是经常能如我意，所以，我便学习欢喜地去面对我所遇到的一切。因此，明天天气一定是我喜欢的。”

愉快的生活是由愉快的思想造成的，你的态度决定你的心情，影响你的健康，甚至改变你今天的际遇。凡事多往好处想，这是心理健康之道，也是幸福快乐的不二法门。

天时、地利、人和

从前，有一位做生意的少年，刚从城里完成一笔丰厚的交易，身上带着大笔的钱骑着马赶路回家。

这几天的天气向来晴朗，不知怎地来到中途，忽然雷雨大作，将他淋成了落汤鸡，他渐渐心生不满，心想一定是老天爷故意刁难他。

少年一边赶路一边避雨，走走停停，经过一处浓密的树林时，突然跳出了一位强盗，手中握着一把老式猎枪对准少年。

强盗威胁他说：“快把身上的钱全部交出来！否则我一枪毙了你。”

“我和你无冤无仇，请不要伤害我，请你不要开枪。”少年慌张地乞求着。

强盗威风凛凛地说：“我是这座森林的老大，想经过这里的人都要留下过路费，看你是要留下命还是留下钱。”

这时，突然一声雷响，惊动了少年的马匹，马儿发出一阵嘶鸣，强盗想威吓少年，于是对空鸣枪，没想到枪竟然没响。

机不可失，少年连忙快马加鞭，逃离那座树林，终于摆脱强盗的追击。

少年松了一口气，自嘲地说道：“唉！刚刚还抱怨老天下大雨故意刁难我，如果天气晴朗的话，强盗的弹药没有潮湿，我一定难逃杀身之祸。”

人生不如意事十之八九，若你的想法是积极乐观的，纵使不顺遂之事频频发生，亦能逢凶化吉。同时只要不违良心，踏实诚恳，一切自有天时、地利、人和的相助。

活出生命的灿烂

一个刚去的男人来到天堂门口，天使要他先回答一些问题：“你恋爱过没有？”

“没有，我从没恋爱过。”

“有没有你很关心的朋友？”

“没有，我从来不关心任何人。”

“你可曾对小孩和善可亲？”

“不曾。”

“你养过宠物没有？平常是否亲近大自然？”

“我没养过宠物，也不亲近大自然。”

“你怎么这么晚才来？”天使冷眼看着他说，“十几年前你就应该死了。”

有些人庸碌一生，却没有为别人留下美好的印象。漫漫人生，为自己准备一个好理由，以积极和热忱，认真地活出生命的灿烂。

各有专长

有三个兄弟都是博士，并且同在美国太空总署从事太空研究工作。当大家在母亲家中聚餐完毕后，母亲把餐桌清理干净，他们便在桌上绘制图表，又讨论登陆月球和建立太空站的问题。

一个媳妇在厨房洗碗时说："他们三人谈个不休，尽是我们不能想象的事，听着就会让人觉得自己很笨吗？"

老母亲却讲了一段话，才使大家恢复自信。她说："我起初也觉得自己笨，可是后来想起去年秋天，他们三人花了整个下午才把家里的纱窗装好，我就不再那么想了。"

每个人都有专长，也都有弱点，不要被那些唬人的学问吓倒了，你本身的专长在别人眼中也是了不得的本领。为自己拥有的专长兴奋吧，那也是别人羡慕的资本呢。

让理想和抱负炙热如火

有一位已失去传道热忱的牧师，夜里做了一个梦，梦到自己被带到天堂，接受他一生为上帝工作的赏赐。

刚开始有个天使送来一个华丽灿烂的冠冕，上面镶满了珍珠宝玉，旁边的天使长说："拿错了，这是二十年前为他预备的，那时候他拼命为信仰作见证，可惜不一会的工夫，他就冷淡退却了，所以要换一个次等的冠冕给他。"

不一会工夫，换来一个次等的冠冕，虽然没有头一个那么华丽，他还是觉得不错。然而天使长又说："你们还是拿错了，这是十年前为他预备的，不幸世上的欲望和引诱迷住了他，使他成了一个不冷不热的人，再去换个冠冕吧！"

于是再换来一个，上面一粒珠宝都没有，毫无光彩。

这位牧师惊醒过来，原来是南柯一梦，从那时候起，他勤奋传道，立志要讨上帝的喜悦，成了最热心的传道人。

最可怕的破产，就是失去热忱。回顾过去的岁月，想想现在的光景，趁着还有一口气，我们岂不应再接再厉，让心中的理想和抱负仍然炽热如火？

打开不同的窗

一个小女孩趴在窗台上，看窗外的人正在埋葬她心爱的小狗，不禁泪流满面，悲恸不已。她的外祖父见状，连忙引她到另一个窗口，让她欣赏他的玫瑰花园。

果然小女孩的愁云为之一扫，心空顿时明朗。老人托起外孙女的下巴说："孩子，你开错了窗户。"

打开不同的窗，就会看到不同的风景。若要远离忧郁，就不要打开忧郁的窗。

学会感恩自己拥有的

有一只蜗牛总是对一只青蛙很有成见。

有一天，忍耐许久的青蛙问蜗牛说："蜗牛先生，我是不是有什么地方得罪了你，所以你这么讨厌我。"

蜗牛说："你们有四条腿可以跳来跳去，我却必须背着我沉重的壳，贴在地上爬行，所以心里很不是滋味。"

青蛙说："家家都有本难念的经。你只是看见我们的快乐，没有看见我们的痛苦而已。"

这时，有一只巨大的老鹰突然来袭，蜗牛迅速地躲进壳里，青蛙却被一口吃掉了。

享受你的生活，不必与人比较，羡慕别人常带给我们更多的痛苦，但去想想自己所拥有的，将会带给我们更多的感恩及幸福。

勇敢面对灾难

有一天，许多牛想杀死宰牛的屠夫，因为屠夫从事屠杀它们的职业。它们聚集在一起，商讨办法，磨砺它们的角，准备战斗。有一头耕过许多田地的老牛说：“屠夫们确实宰杀我们，但它们是用精巧的手艺来杀我们，减少了我们的痛苦。如果没有这些手艺高明的屠夫，而让其他人来宰杀，我们便更加痛苦了。你们要知道，虽然屠夫可以杀死，但人们总是要吃牛肉的。”

如果灾难和死亡是不可避免时，就要勇敢地面对它，与其痛苦地死，不如痛快地死。

改变自己的心态

从前有一户人家的菜园里摆着一颗大石头，宽度大约有四十公分，高度有十公分。到菜园的人，不小心就会碰到那一颗大石头，不是跌倒就是擦伤。

儿子问：“爸爸，那颗讨厌的石头，为什么不把它挖走？”

爸爸这么问答：“你说那颗石头喔？从你爷爷那时起，就一直放到现在，它的体积那么大，不知道要挖到什么时候，没事无聊挖石头，不如走路小心一点，还可以训练你的反应能力。”

过了几年，这颗大石头留到下一代，当时的儿子娶了媳妇，当了爸爸。

有一天媳妇气愤地说：“爸爸，菜园那颗大石头，我越看越不顺眼，改天请人搬走好了。”

爸爸回答说：“算了吧！那颗大石头很重的，可以搬走的话在我小时候就搬走了，哪会让它留到现在啊。”

媳妇心底非常不是滋味，那颗大石头不知道让她跌倒多少次了。

有一天早上，媳妇带着锄头和一桶水，将整桶水倒在大石头的四周。

十几分钟以后，媳妇用锄头把大石头四周的泥土挖松。

媳妇早有心理准备，可能要挖一天吧，谁都没想到几分钟就把石头挖起来，看看大小，这颗石头没有想象的那么大，都是被那个巨大的外表蒙骗了。

你抱着下坡的想法爬山，便无从爬上山去。如果你的世界沉闷而无望，那是因为你自己沉闷无望。改变你的世界，必先改变你自己的心态。

困难有其存在的正面价值

有一天，素有森林之王之称的狮子，来到了天神面前："我很感谢你赐给我如此雄壮威武的体格、如此强大无比的力气，让我有足够的能力统治这整个森林。"

天神听了，微笑地问："但是这不是你今天来找我的目的吧！看起来你似乎为了某事而困扰呢！"

狮子轻轻吼了一声，说："天神真是了解我啊！我今天来的确是有事相求。因为尽管我的能力再好，但是每天鸡鸣的时候，我总是会被鸡鸣声给吓醒。神啊！祈求您，再赐给我一个力量，让我不再被鸡鸣声给吓醒吧！"

天神笑道："你去找大象吧，它会给你一个满意的答复的。"

狮子兴冲冲地跑到湖边找大象，还没见到大象，就听到大象跺脚所发出的"砰砰"响声。

狮子加速地跑向大象，却看到大象正气呼呼地直跺脚。

狮子问大象："你干吗发这么大的脾气？"

大象拼命摇晃着大耳朵，吼着："有只讨厌的小蚊子，总想钻进我的耳朵里，害得我都快痒死了。"

狮子离开了大象，心里暗自想着："原来体型这么巨大的大象，还会怕那么瘦小的蚊子，那我还有什么好抱怨呢？毕竟鸡鸣也不过一天一次，而蚊子却是无时无刻地骚扰着大象。这样想来，我可比他幸运多了。"

狮子一边走，一边回头看着仍在跺脚的大象，心想："天神要我来看看大象的情况，应该就是想告诉我，谁都会遇上麻烦事，而它并无办法帮助所有人。既然如此，那我只好靠自己了！反正以后只要鸡鸣时，我就当做鸡是在提醒我该起床了，如此一想，鸡鸣声对我还算是有益处呢？"

在遇到困难时不要一味的埋怨老天的不公平，实际上，老天是最公平的，每个困境都有其存在的正面价值。在遇到困难时好好想想它的正面价值，困难也就没有那么大的威力了。

悲观和乐观

父亲欲对一对孪生兄弟作“性格改造”，因为其中一个过分乐观，而另一个则过分悲观。一天，他买了许多色泽鲜艳的新玩具给悲观的孩子，又把乐观的孩子送进了一间堆满马粪的车房里。

第二天清晨，父亲看到悲观的孩子正泣不成声，便问：“为什么不玩那些新玩具呢?”

“玩了就会坏的。”孩子仍在哭泣。

父亲叹了口气，走进车房，却发现那乐观孩子正兴高采烈地在马粪里掏什么。

“告诉你，爸爸，”那孩子得意洋洋地向父亲宣称，“我想马粪堆里一定还藏着一匹小马呢。”

一天，父亲送给两个孩子每人半瓶饮料，悲观的孩子没有喝，因为他看到只剩下半瓶了。乐观孩子拿起来高兴地说：“太好了，还有半瓶呢!”

悲观的人先被自己打败，然后才被生活打败；乐观的人先战胜自己，然后才战胜生活。悲观是一种自我毁灭，乐观是一种拯救，不仅拯救他人，最重要的是拯救自己!

恐惧是“纸老虎”

有一个王子，生性多愁善感，最听不得悲惨的故事，每当左右的人向他禀报天灾人祸的消息，他就流着泪叹息道：“天哪，太可怕了！这事落到我头上，我可受不了!”

可是，厄运终于落到了他的头上。在一场突如其来的战争中，他的父王被杀，母后受辱自尽，他自己也被敌人掳去当了奴隶，受尽非人的折磨。

当他终于逃出虎口时，已经身落残疾，只能靠行乞度日。

当人们得知他的身世，流下同情的眼泪，发出他曾经发过的同样的叹息：“天哪，太可怕了！这事落到我头上，我可受不了！”

谁知他正色道：“先生，请别说这话，凡是人间的灾难，无论落到谁头上，谁都得受着，而且都受得了，只要他不死。”

恐惧，不过是“纸老虎”，一旦接触到真实世界，就会消失殆尽。恐惧，只不过是心中的一堵墙，推开它，才会明白，现实并没有那么可怕。

换个角度想事情

有位老太太生了两个女儿，大女儿嫁给了伞店老板，小女儿当上了洗衣作坊的女主管。于是老太太整天忧心忡忡，每逢遇上下雨天，她担心洗衣作坊的衣服晾不干；每逢遇上晴天呢，她又生怕伞店的雨伞卖不出去，天天为女儿担忧。日子过得十分忧郁。

后来，一位聪明人告诉她：“老太太，您真是好福气！下雨天，您大女儿家生意兴隆；大晴天你小女儿家顾客盈门，哪一天你都有好消息啊。”

现实生活中，很多人总是被事情的阴暗面困扰着，可是从来都没有换个角度去想一下。天还是老样子，只是脑筋变了一变，生活的色彩竟然焕然一新。

拥有健康心态

在一个旅行者要远行的时候，智者把他领到一座金库的门前，对他说：“你可以随便拿取，但是有一个条件，你必须在路上永远带着它们，陪伴你的全部的旅程，不能丢弃。”

于是旅行者拿取了三块黄金；他很遗憾，由于行囊太多，他只能拿取三块。

可就在行程的第二天早晨，一梦醒来，黄金全部变成了石头。这些石头对他来说毫无用处。

旅行者在不得不背负石块前行的痛苦中，也暗自庆幸，啊，我毕竟只拿了三块。

悲伤面前不能自馁，快乐面前不能忘形。把悲伤看做是快乐提前的奖赏，把忘形的快乐看做是悲伤的前兆，这样才算拥有了一个健康的心态。

就地放弃

一个老人在高速行驶的火车上不小心把刚买的新鞋从窗口上弄出去了一只，周围的人备感惋惜，不料那位老人立即把第二只鞋也从窗口扔了下去。这举动更让人大吃一惊。"是这样，"老人解释道。

"这一只鞋无论多么昂贵，对我而言都没有用了，如果有谁能捡到一双鞋子，说不定他还能穿呢！"

与其抱残守缺，不如就地放弃。事物的价值不在于谁占有，而在于如何占有。失去不一定是损失，也可能是获得。

面对死亡的选择

有一天，大马士革的苏丹在宫殿里接见受他疼爱的一名英俊的青年。年轻人显然情绪异常激动。

"大人，请您把城里最快的骏马借给我骑吧。我即刻需要赶往巴格达去。"

苏丹问他去巴格达是为了什么。

"大人，刚才我路过宫廷花园，死神正好伫立其中，他见我便伸出手来，似乎是有意威胁我。我不该再浪费时间，必须赶紧逃走，躲避他。"

年轻人终于得到苏丹的准许，骑着骏马飞奔而去。在他离开之后，苏丹愤愤地走出宫殿，发现死神仍然站立在花园中央。

"你怎么胆敢威胁我手下的人？"

“我可以向您保证，我并非有意威胁他。我只是见他还在这里，不禁吃了一惊，举起手来——”死神回答道，“因为我跟他早已注定今晚会面，在巴格达。”

面对死亡，是逃避还是积极地面对？如果我们直面死神，也许他会望而却步；但如果选择的是逃避，那只能是去赶赴死神的约会了。

变废为宝

也许是上帝的玩笑，多米尼加人马斯达弗从背部多长出一只手。这就使得他难以从事哪怕很一般的职业。当他的经纪人寄给他一张飞往首都的机票和一套棒球队的特殊制服时，马斯达弗的职业才有了着落。他说：“球队使我穿上了背上有第三只袖子的制服，它是为我的第三只手特制的。球队没有限制不许戴第三只手套，因此，我比戴两只手套的球员实力更强。”

马斯达弗比常人多出一只手，在常人眼里，这只多出的手是废物，但马斯达弗利用了它，并因此而超越了常人，成了棒球奇才。

法国巴黎有一位姑娘，叫卡芙莲，天生四只手臂。她的父亲曾为此而忧虑，担心女儿的前途会因身体畸形而受到影响。但后来这位姑娘成为了一名排球健将。在比赛中，她利用她四只灵活的手臂，左推右挡，攻守自如，连连扣杀，令观众刮目相看。

看来，特殊的“废物”其实是一种独特的资源，也许在哪一天。能凭借其不同凡响的能量，爆发出灿烂的光芒。

宝贝放错了地方便是废物。而换种说法：废物放对了地方便是宝贝。当我们发现自身的缺陷的时候，不妨给他换一个位置，缺陷就变成了优势。

洒　脱

过去，有一个人提着一个非常精美的罐子赶路，走着走着，一不小心，“啪”的一声，罐子摔在路边一块大石头上，顿时成了碎片。

路人见了，唏嘘不已，都为这么精美的罐子成了碎片而惋惜。可是那个摔破罐子的人，却像没这么回事一样，头也不扭一下，看都不看罐子一眼，照旧赶他的路。

这时过路的人都很吃惊，为什么此人如此洒脱，多么精美的罐子啊！摔碎了多么可惜呀。甚至有人还怀疑此人的神经是否正常。

事后，有人问这个人为什么要这样？

这个人说：“已经摔碎了的罐子，何必再去留恋呢？”

洒脱是一种摆脱了失去和痛苦的一种超级享受。失去了就是失去了，何必还要空留恋呢？如果空留恋有用，还要继续努力干什么？

学会克制

凡·高在成为画家之前，曾在一个矿区当牧师。有一次他和工人一起下井，在升降机中，他陷入巨大的恐惧。颤巍巍的铁索轧轧作响，箱板在左右摇晃，所有的人都默不作声，听凭这机器把他们运进一个深不见底的黑洞，这是一种进地狱的感觉。

事后，凡·高问一个神态自若的老工人：“你们是不是习惯了，不再感到恐惧？”这位坐了几十年的升降机的老工人答道：“不，我们永远不习惯，永远感到害怕，只不过我们学会了克制。”

面对日子，把最坏的都挨过去，剩下的也就是好的了。面对人生，种种不如意的事情都过去了之后，剩下的当然也就都是好事了。

学会放弃

一个哲学家，晚饭后往郊外散步，遇见一个人在那儿伤心地哭泣，哲学家问他为何如此伤心，那人回答：“失恋了。”

哲学家闻听连连抚掌大笑道：“糊涂啊糊涂。”

失恋者停住哭，气愤地质问：“有学问就可以如此嘲笑愚弄别人吗？”

哲学家摇头道："非我取笑你，实在是你自己取笑自己啊。"

见失恋者不解，哲学家接着解释说："你如此伤心，可见你心中还有爱；既然你心中有爱，那对方就必定无爱，不然你们又何必分手？而爱在你这边，你并没有失去爱，只不过失去一个不爱你的人，这又有何伤心呢？我看你还是回家去睡觉吧，该哭的应是那个人，她不仅失去了你，还失去了心中的爱，多可悲啊。"

失恋人破涕为笑，恨自已对这浅显的道理怎么没看透，向哲学家鞠了一个躬，转身离去。

理智的认识不应该受情感的捉弄，懂得该放弃的时候放弃，该收藏的东西收藏，这也是一种生活的真谛，为失去的东西痛惜不已不能自拔，实在是消极之举。

让悲剧成为过去

一位妇人，她几乎经历了一个普通女人所能经历的所有不幸：幼年时候父母先后病逝，好不容易找到了工作，又因不同意做厂里某领导人的儿媳而被挤出厂门。嫁了个当兵的丈夫，婆婆却对她十分苛刻，婆婆过世后丈夫又因外遇弃她而去。现在，她领着女儿独自度日，似乎过得十分平静。

一个阳光很好的日子，她的朋友去她家闲坐，女儿在一边玩耍。她们边聊天边和小姑娘逗笑，不经意间触动了往事。朋友赞叹她遭遇这么多挫折却活得如此坚强平和，她笑笑，给朋友讲了一个故事：

两个老裁缝去非洲打猎，路上碰到一头狮子，其中一个裁缝被狮子咬伤了，没被咬伤的那位问他："疼吗？"受伤的裁缝说："当我笑的时候才感到疼。"

"我也是这样的。"妇人对朋友笑道，"我被狮子咬了许多口，但我的一贯原则是：忍着痛，笑也好，哭也好，只要有感觉就有生命，只要有生命就有灵魂，只要有灵魂就有生存的意义、希望和幸福。"

朋友惊讶地望着她沧桑无数的脸，仿佛那是一方视线极阔的天窗。

人间的悲剧，可以说五花八门，各式各样。没有一桩不使人落泪，只有坚强的人才能一笑置之。其实悲剧也会在坚强的人的一笑面前成为过去。

路遥知马力，日久见人心

有一个人买了一栋带着大院的房子，他一搬进去，就将那院子全面整修，杂草和树一律清除，改种自己新买的花卉。

某日，原先的屋主来访，进门后大吃一惊，就问："那最名贵的牡丹哪里去了?"这个人才发现，他竟然把牡丹当草给铲掉了。

后来，他又买了一栋房子，虽然院子更加杂乱，他却按兵不动。果然，冬天以为是杂树的，春天里开出繁花；春天以为是野草的，夏天成了锦簇；半年都没有动静的小树，秋天居然红了叶。

直到暮秋，它才真正认清哪些是无用的植物，而大力铲除，并使所有珍贵的草木得以保存。

"路遥知马力，日久见人心"，一个员工的价值高低绝不能凭管理者一时的观察或是只看表面现象。要真正了解一个人，需要长时间的、持续的观察。如果办公室是个花园，每个职员就应该都是其间的珍木，珍木不可能一年到头开花结果，只有经过长期的观察才认得出啊！

划算的贷款

上世纪40年代，一天中午，纽约市中心一家大银行的贷款部，来了一位衣冠楚楚的犹太老太婆。她将手中漂亮的提包放在柜台上说："我想借些钱。"

"可以，按规定，只要您提供相应的担保，借多少都是可以的。"贷款经理一边做着手势，一边回答。

"可是，我只借一美元，可以吗?"

"当然可以！不过……"贷款经理微笑着。

"这些是但保。"犹太老太婆很利索地打开皮包，拿出了一大堆票据，"您计算一下，50万美元，够了吧?"

“当然，当然！不过，您真的只借一美元吗？”

“是的，但我希望，允许提前还贷，有问题吗？”

“没问题。这是一美元，年息6%，为期一年，可以提前归还。归还时，我们将这些票据还给你。这是合同。”贷款经理虽有疑惑，但人家的票据的确都是真的，而且显然没有违反规定，所以他还是熟练地按规程办着手续。

“谢谢！”犹太老太婆在合同上签字后，接过一美元，转身就走。

“等等，请等一等！”

“还有什么事吗？”

“我实在不明白，您担保的票据值那么多的钱，为什么只借一美元呢？即使您要借三四十万美元，我们也是挺乐意的。”

“哦，是这样的。我必须找个保险的地方存放这些票据，而租个保险箱又得花不少费用。放在你们这儿即安全，又能随时取用，一年只要6美分，实在是划算得很。”

“……”旁边所有的人都惊呆在那里，可是他们的脑袋却活跃了起来。

如果你是做生意的，恐怕听了这个故事，不由得要好好琢磨半天了。做生意一定要考虑成本和投入产出等方面，如果开动脑筋，肯定有更经济的办法。低成本营运对刚刚起步的公司非常有效，降低成本是提高效益的重要途径。要与人竞争，必须有两招：要么你比对手更出色（精品战略），要么你比对手更经济。

善于委托

一个人去买鹦鹉，看到一只鹦鹉前标着：“此鹦鹉会两门语言，售价200元。”

另一只鹦鹉前则标道：“此鹦鹉会四门语言，售价400元。”

该买哪一只呢？两只都毛色光鲜，都非常灵活可爱。这个人转啊转，还是拿不定主意。

结果，他突然发现一只老掉了牙的鹦鹉，毛色暗淡散乱，但标价却是800元。

这人赶紧将老板叫来：“这只鹦鹉是不是会说八门语言？”

店主说：“不。”

这人奇怪了："那为什么它又老又丑，又没有能力，会值这个数呢?"

店主回答："因为另外两只鹦鹉叫这只鹦鹉老板。"

对管理者来说，不善于运用委托艺术，就只能陷入事务之中，成为瞎忙的事务主义者。不敢委托，实际上是对下属的不信任。

真正的领导人，不一定自己的能力有多强，只要懂信任，懂放权，懂珍惜，就能团结比自己更强的力量，从而提升自己的身价。相反，许多能力非常强的人却因为过于追求完美主义，事必躬亲，认为别人都不如自己，最后只能做最好的公关人员、销售代表，却成不了优秀的领导人。

能力创造机会

A 对 B 说："我要离开这个公司。我恨这个公司!"

B 建议道："我举双手赞成你的报复！这样的破公司，一定要给它点颜色看看。不过你现在离开，还不是最好的时机。"

A 问："为什么?"

B 说："如果你现在就走，公司的损失并不大。你不如趁着在公司的机会，拼命去为自己拉一些客户，成为公司独当一面的人物，然后带着这些客户突然离开公司，公司才会受到重大损失，这样就非常被动。"

A 觉得 B 说得非常在理，于是他努力地工作。事遂人愿，半年多的努力工作后，他有了许多忠实的客户。

再见面时，B 问 A："现在时机成熟了，要跳就赶快行动哦!"

A 淡然笑道："老总跟我长谈过，准备升我做总经理助理，我暂时没有离开的打算了。"

一般来讲，员工在两种情况下有机会提升。一是公司为了弥补空缺职位，二是当公司扩大发展时出现了新部门、新岗位。但无论是从公司内部来选拔、提升，还是到人才市场上去招聘，公司最看重的是一个人曾经所取得的业绩。

一个人的工作，永远只是自己的履历。但只有付出大于得到，让老板真正看到你的能力大于位置，才会给你更多的机会去替他创造更多的利润。

用人之道

去过寺庙的人都知道，一进庙门，首先是弥勒佛，笑脸迎客，而在他的北面，则是黑口黑脸的韦陀。但相传在很久以前，他们并不在同一个庙里，而是分别掌管不同的庙。

弥勒佛热情快乐，所以来的人非常多，但他什么都不在乎，丢三落四，没有好好地管理账务，因此依然入不敷出。

而韦陀虽然管账是一把好手，但成天阴着个脸，太过严肃，搞得人越来越少，最后香火断绝。

佛祖在查香火的时候发现了这个问题，就将他们俩放在同一个庙里，由弥勒佛负责公关，笑迎八方客，于是香火大旺。

而韦陀铁面无私，锱铢必较，就让他负责财务，严格把关。在两人的分工合作中，庙里一派欣欣向荣的景象。

管理者必须讲究“用人之道”，努力做到“人尽其才，才尽其用，用其所长，各尽其能”。人无完人，才无全才。骏马虽能驰骋疆域，但耕田不如牛；汽车虽能重载货物，但渡河还需用船。事实表明，用人所长，人尽其才，管理者顺手，被管理者也心情舒畅，工作效率也明显提高。

其实在用人大师的眼里，没有废人，关键看如何运用。通过优化组合，人尽其才，物尽其用，这就是佛祖的管理艺术。

学习力是一种核心的竞争力

有一个博士被分配到一家研究所，成为所里学历最高的一个人。

有一天他到单位后面的小池塘去钓鱼，正好正副所长在他的一左一右，也在钓鱼。

他只是微微点了点头，这两个本科生，有啥好聊的呢？

不一会儿，正所长放下钓竿，伸伸懒腰，蹭蹭蹭从水面上健步如飞地跑到对面去上厕所。

博士眼睛睁得眼球都快掉下来了。水上飘？不会吧？这可是一个池塘啊。

正所长上完厕所回来的时候，同样也是蹭蹭蹭地从水面上飘了回来。

怎么回事？博士生又不好去问，自己是博士生哪！

过了一阵，副所长也站了起来，走几步，蹭蹭蹭地飘过水面去上厕所。这下子博士更是差点昏倒：不会吧，到了一个江湖高手云集的地方？

这时，博士生也内急了。这个池塘两边都有围墙，要到对面上厕所非得绕十分钟的路，而回单位去上又太远，怎么办？

博士生也不愿意去问两位所长，憋了半天后，也起身往水里跨：我就不信本科生能过的水面，我博士生就不能过。

只听咚的一声，博士生栽到了水里。

两位所长将他拉了上来，问他为什么要下水，他却问："为什么你们可以走过去呢？"

两位所长相视一笑："这池塘里有两排木桩子，由于这两天下雨涨水，木桩正好淹在水面下。我们都知道这木桩的位置，所以可以踩着桩子过去。你怎么不问一声呢？"

学习是人的天赋的能力。比如游泳，未必人人都会，但每个人都有学会游泳的能力。先试试，再变成自身掌握的能力，比别人学得快，当然能力就比别人强。学习力就是一种核心的竞争力。

学历代表过去，只有学习才能代表将来。尊重有经验的人，才能少走弯路。一个好的团队，也应该是学习型的团队。

远离诱惑

某大公司准备以高薪雇用一名小车司机，经过层层筛选和考试之后，只剩下三名技术最优良的竞争者。

主考者问他们："悬崖边有块金子，你们开着车去拿，觉得能距离悬崖多近而又不至于掉落呢？"

"二公尺。"第一位说。

"半公尺。"第二位很有把握地说。

"我会尽量远离悬崖，愈远愈好。"第三位说。

结果这家公司录取了第三位。

急于求职的朋友们，面对林林总总的招聘会，面对眼花缭乱的用工岗位，不要盲目受各种各样的诱惑，要多看、多听、多问，只有擦亮自己的双眼，才能找到称心如意的工作。

不要和诱惑较劲，而应离得越远越好。金子，是对人心的极大勾引和诱惑，此时不是比车技的问题，而是比意志的坚定和做人的原则问题了。

容易得到不珍惜

我们旅行到乡间，看到一位老农把喂牛的草料铲到一间小茅屋的屋檐上，不免感到奇怪，于是就问道："老大爷，你为什么不把喂牛的草放在地上，让它吃？"

老农说："这种草草质不好，我要是放在地上它就不屑一顾；但是我放到让它勉强可够得着的屋檐上，它会努力去吃，直到把全部草料吃个精光。"

营销商品的时候，管理公司员工的时候，甚至教育孩子的时候，都可以用"养牛之道"来做。太容易得到的东西，人们往往不会珍惜。

大凡很多人都有这样的想法，越是容易得到的东西越是不去珍惜，越是难以得到的东西越是苦心去追求。"容易得到，不知珍惜"的人是世界上最悲哀的人，而世界上这样的人还不少呢。

变革是痛苦的

有一位勇猛的将军，在他年轻的时候，特别喜欢宴饮。每次他都喝得酩酊大醉，一边东摇西晃，一边同女人调笑。他总是到离家有一段距离的一个村子里，享受他的放荡生活，通常一周光顾一次。他的青春年华就这样一天天虚度，自己的武艺也渐渐荒废。

终于，有一天早上，将军的母亲狠狠地训斥了他一顿，责怪他不该像一个花花公子那样无所事事。母亲情真意切的话令他猛醒，将军感到羞愧万分。向母亲发誓说，他再也不会去那个村子了。从此，他开始拼命训练，立志一心向善，成为一个品行优秀的人。

一天傍晚，在进行了整日的野外训练之后，将军又累又乏，伏在他的爱驹上睡着了。马儿本来应该驮他回家，但这天恰好是周末，也就是以前他去那个村子游乐的时间。受过主人良好调教的马儿，一路上竟带他往他的乐土去了。

当将军醒来时，他发现自己违背了对母亲所发的誓言，他又到了他不该到的地方。想到自己的失信，将军忍不住掉下泪来。他凝视着自己的马，这是他孩提时就伴随着他的亲密伴侣，是他除了亲人以外的至爱。经过长久的沉默，他拔出剑来，杀了这匹马。

你是否杀了自己的马？变革是痛苦的，无论一场变革可能为你带来多大的好处，它都会使你失去一些古老的、你所熟悉的、让你感到舒服的东西。

作为企业的领导者，你必须清楚，改变人们的行为是一个巨大的挑战。人们不喜欢变化，老的做事方式既省心，又轻易，而且步骤也十分清楚。

这个故事的另一个寓意是，任何时候，当一家公司寻求改变旧有的东西时，它必须准备放弃旧方式所带来的种种好处。

找准自己的位置

一只火鸡和一头牛闲聊。

火鸡说：“我希望能飞到树顶，可我没有勇气。”

牛说：“为什么不吃一点我的牛粪呢，它们很有营养。”

火鸡吃了一点牛粪，发现它确实给了自己足够的力量飞到第一根树枝。第二天，火鸡又吃了更多的牛粪，飞到第二根树枝。两个星期后，火鸡骄傲地飞到了树顶。

但不久，一个农夫看到了它，迅速把它从树上射了下来。

火鸡的悲哀在于先天不足，走了牛屎运后，后天也不思发奋，自以为到达了“顶峰”，就那么得意忘形地、一成不变地老站在一个地方，它能不被人打下来吗？牛屎运让你达到顶峰，但不能让你留在那里。

反过来看，有人扶你上马，是件好事，但关键还得看你会不会骑马，倘若不会，只怕早晚会摔死。

这个故事提醒我们，人一定要找准自己的位置与定位，要学习那些能让你安身立命的本领，同时记住：所谓铁饭碗，是指走到哪里都能凭本事找到饭吃，而不是待在一个地方与人分抢残羹冷炙。

不要失去自我

乌鸦站在树上，整天无所事事。

兔子看见乌鸦，就问："我能像你一样，整天什么事都不用干吗?"

乌鸦说："当然，有什么不可以呢?"

于是，兔子在树下的空地上开始休息。忽然，一只狐狸出现了，它跳起来抓住兔子，把它吞了下去。

如果你想站着什么事都不做，那你必须站得很高。如果自己处于弱势地位，既然知道自己无法站得更高，那么就去好好干，以尽早争取平等地位。

反过来，还有一层意思：要想坐在那儿什么也不干，你必须得有自己的资本。在一个人的成长历程中，必须看到：不对等的竞争永远存在。你惟一可做的是直面现实，积极寻找自己的出路。

这个故事提醒我们，不要失去自我，不要盲目攀比，要着眼于自己的生活，立足于每天的进步，跟自己比，制订适合自己的计划，做好自己的事情。

遵守职业道德

东东有个神奇的体温表，它不仅可以测到体温，还可以测到心情。

东东最怕的数学考试来临时，体温表知道他很恐慌，不想去考试，就把温度升上去很多，东东就因为可以请病假而不用去考试了；东东发烧的时候，却非常想出去春游，体温表得知了他期待的心情，就把体温的数字降低到正常，东东就高兴地去玩了，但结果回家后病情就加重了。

时间一长，东东发现了是体温表有问题，生气地对它说："你干吗要自作聪明啊？你就是一个体温表而已！你就明明白白告诉我事实真相就行了！你凭什么变来变去的！"

这时候，体温表委屈地说："我死去的哥哥就是因为每次都告诉了你事实真相，结果就被你摔碎了啊……"

很多人在该做自己事情的时候，越过了自己应该负责的职责，本来自己只要做这一小堆事情就好了，却偏偏要想到许多宏观的离自己职责很远的东西，并在其中左右着自己，这样的出发点也许是好的，但具体的工作并不需要每个人都成为政治家，如果过了的话，那每个人实际上都没有尽到自己的本分，那才是最没有职业道德的！

胸有成竹

明朝万历年间，中国北方的女真为患。皇帝为了要抗御强敌，决心整修万里长城。当时号称天下第一关的山海关，却早已年久失修，其中"天下第一关"题字中的"一"字，已经脱落多时。万历皇帝募集各地书法名家，希望回复山海关的本来面貌。

各地名士闻讯，纷纷前来挥毫，但是依旧没有一人的字能够表达天下第一关的原味。皇帝于是再次昭告天下，只要能够中选的，就能够获得极大的重赏。经过严格筛选，最后中选的，竟是山海关旁一家客栈的店小二，真是跌破大家的眼镜。

在题字当天，会场被挤得水泄不通，官家也早就备妥了笔墨纸砚，等候店小二前来挥毫。只见主角抬头看着山海关的牌楼，舍弃了狼毫大笔不用，拿起一块抹布往砚台里一沾，大喝一声："一"，十分干净利落，立刻出现绝妙的"一"字。旁观者莫不给予惊叹的掌声。

有人好奇地问他："你为何能够如此成功？你的秘诀是什么？"

他被问之后，久久无法回答。后来勉强答道："其实，我想不出有什么秘诀，我只是在这里当了三十多年的店小二，每当我在擦桌子时，我就望着牌楼上的‘一’字，一挥一擦，就这样而已。”

原来这位店小二，他的工作地点，正好面对山海关的城门，每当他弯下腰，拿起抹布清理桌上的油污之际，刚好这个视角，正对准“天下第一关”的“一”字。因此，他不由自主地天天看、天天擦，数十年如一日，久而久之，就熟能生巧、巧而精通，这就是他能够把这个“一”字，能够临摹到炉火纯青、惟妙惟肖的原因。

练习造就完美，熟练才能精通。

举凡一些在各行各业出类拔萃的顶尖人士，尽管这些顶尖人物优点不一而足，成就也在不同领域开花结果。他们却都有一个共同也是最基本的特点：热忱、专注与精通。因为热忱，所以能够投入强大的动力与能量；因为专注，才能心无旁骛勇往直前；也更因为热忱与专注，才能达到专业与精通的境界。

失败需要抉择

从前，有一只乌龟和一只兔子在互相争辩谁跑得快。他们决定来一场比赛分高下，选定了路线，就此起跑。

兔子带头冲出，奔驰了一阵子，眼看它已遥遥领先乌龟，心想，它可以在树下坐一会儿，放松一下，然后再继续比赛。

兔子很快地在树下就睡着了，而一路上笨手笨脚走来的乌龟则超越过它，不一会儿完成比赛，成为货真价实的冠军。等兔子一觉醒来，才发觉它输了。

这是从小伴随我们长大的龟兔赛跑故事的版本。

但最近有一个更有趣的版本。故事这么连续下去。

兔子当然因输了比赛而倍感失望，为此他做了些预防工作。它很清楚，失败是因它太有信心，大意，以及散漫。如果它不自认一切都是理所当然的，乌龟是不可能打败它的。因此，它单挑乌龟再来另一场比赛，而乌龟也同意。这次，兔子全力以赴，从头到尾，一口气跑完，领先乌龟好几公里。

这下轮到乌龟要好好检讨，它很清楚，照目前的比赛方法，它不可能击败兔子。它想了一会儿，然后单挑兔子再来另一场比赛，但是是在另一条稍许不同的路线上。兔子同意，然后两者同时出发。为了确保自己立下的承诺——从头到尾要一直快速前进，兔子飞驰而出，极速奔跑，直到碰到一条宽阔的河流。而比赛的终点就在几公里外的河对面。兔子呆坐在那里，一时不知怎么办。这时候，乌龟却一路姗姗而来，跃入河里，游到对岸，继续爬行，完成比赛。

故事还没结束。这下子，兔子和乌龟成了惺惺相惜的好朋友。它们一起检讨，两个都很清楚，在上一次的比赛中，它们可以表现得更好。所以他们决定再赛一场，但这次是同队合作。它们一起出发，由兔子扛着乌龟，直到河边。在那里，乌龟接手，背着兔子过河。到了河对岸，兔子再次扛着乌龟，两个一起抵达终点。比起前次，它们都感受到一种更大的成就感。

在人的一生中，当失败临头时，有时我们需要更加努力；有时则需要改变策略，尝试不同的抉择；有时候，两者都需要一起来。

龟兔赛跑的故事对我们有很多启发。最重要的是：动作快且前后一致的人总是胜过缓慢且持续的人；依着自己的优势（专长）来工作；结合所有的资源且团队合作的人，总是打败单打独斗者；面对失败时，绝不轻言放弃；最后，与某一情境（权变）竞争，而不是限定某对手。

尽力做好每件事

一个猎人出门打猎时，碰碎了瓦罐，大家认为这代表了坏运气，劝他不要去。

猎人不信，结果他打中了一只野鸭子；鸭子挣扎的时候，将一条大鲤鱼拍打到岸上；猎人去抓鲤鱼，抓住了躲在草丛中的野兔的后腿；野兔拼命挣扎，掘出了25个芋头；猎人去捡芋头，捡着了一只野鸡；猎人捡起野鸡，下面是13个鸡蛋；猎人捡起鸡蛋，下面有好多蘑菇；猎人回到家，脱下他的肥裤子，里面蹦出了一大群湖虾。幸运的猎人最后满载而归。猎人的好运气是从哪里来的？是从一只野鸭子开始的。

成功，无不和好运气有关。也就是说，成功的人都曾被天上掉下来的馅饼砸着。

好运气定律：猎人扛枪出门的时候，显然不是去靶场玩，而是不信大伙的预言，出去撞大运而已；大家没有好运气，是因为在家坐着；撞运气，有时是下注，没有下注习惯的人，只有一条路——不停顿地做事。好运气是怎么来的？归根结底是遇到某个人，运气无不是某个人带来的。一步登天不是没有，但大多时候，运气像连环套，小的事情敷衍，就可能中途掉链子——尽力做好每件小事，哪怕一时看不到利益。

每一个运气中都包含着下一个运气。

找出省力之道

有一个年轻人到山上工作，每天到森林里去砍木材，非常努力地工作。别人休息的时候，他还是非常努力地工作，不到天黑，绝不罢休。他希望有朝一日能够成功，趁着年轻多拼一拼。可是来了半个多月，他竟然没有一次能够赢过那些老前辈，明明他们都在休息，为什么还会输给他们呢？

年轻人百思不得其解，以为自己不够努力，下定决心明天要更卖力才行。结果，第二天的成绩反而比前几天还差。

这时候，有一个老前辈叫这个年轻人过去喝茶，年轻人心想：“成绩这么差，哪来的时间休息啊？”便大声回答：“谢谢！我没有时间，谢谢！”

老前辈笑着摇头说：“傻小子，一直砍材，都不磨刀，成绩不好，迟早要放弃的，真是精力过剩。”原来，老前辈利用喝茶、聊天、休息的时候，也一边在磨刀，难怪他们很快就能够把树砍倒。

老前辈拿着他刚磨好发亮的刀斧，拍拍年轻人的肩膀说：“年轻人要努力，但是别忘了要记得省力，千万可别用蛮力啊！哈哈……”

你是不是常抱怨：一些根本没你努力的人，成绩却老是比你好？上天都只看结果或外表，没看你努力的过程？

别忘记，要结百倍的果实，不是有事情做就好。提升你的技巧、能力，你才会有时间做你自己想做的事，不然就去唱“没时间”的高调吧！其实，一个人要生活得很自在，又要过得好，是需要一点技巧的，记得好好想想自己，帮自己找出一条省力之道。

第三章 挥洒温暖的青春阳光

世界在你的怀抱

爱情使者丘比特问爱神阿佛洛狄忒："LOVE 的意义在哪里？"

爱神阿佛洛狄忒说：

"L" 代表着 LISTEN（倾听）。

爱就是要无条件无偏见地倾听对方的需求，并且予以协助。

"O" 代表 OBLIGATE（感恩）。

爱需要不断地感恩与慰问，需要付出更多的爱，灌溉爱苗。

"V" 代表 VALUED（尊重）。

爱就是展现你的尊重，表达体贴、真诚的鼓励，悦耳的赞美。

"E" 代表 EXCUSE（宽恕）。

爱就是仁慈地对待、宽恕对方的缺点与错误，维持优点与长处。

当你握紧拳头时，感觉好像抓住了很多东西，其实，连空气都没抓到；相反的，当你张开双臂的同时，感觉好像双手空空，其实，世界都在你的怀抱中。

爱可以创造奇迹

25 年前，有位社会学教授，曾叫班上一群学生到一个贫民窟，调查 200 名男孩的成长背景和生活环境，并对他们未来的发展作一个评估，每个学生得出的结论都相同："这些贫民窟的男孩不会有出头之日的。"

25年后，其中一个大学生成了教授，他无意中在办公室的档案中发现了这份研究报告，他很好奇地想知道这些男孩的现状到底如何，因此他叫自己的学生继续作追踪调查。

调查的结果是：这些男孩已经长大成人，除了有20人搬迁和过世，剩下的180人中有176名都有很好的工作，而且还有一部分人成就非凡，其中担任律师、医生和企业家的比比皆是。

这个教授颇感惊讶，决定深入调查此事。他拜访了当年评估的那些人，问道："你今日能成功的最大原因是什么？"结果每个人都不约而同地回答："因为我遇到了一位好老师。"

教授终于找到了这位虽然年迈，但仍然耳聪目明的老师，请教她到底用了什么办法，能让这些在贫民窟长大的孩子个个出人头地。

这位老太太眼中闪着慈祥的光芒，嘴角带着微笑回答道："其实也没什么，我爱这些孩子，我尽全力给他们尽可能多的文化知识和做人的道理，事情就是这样的。"

"爱"可以改变人，使人从宿命的诅咒中脱离出来。因为爱可以融化冷漠和绝望，可以为身旁的人带来幸福与希望。爱可以创造人间种种奇迹。

时间能考验一切

遥远的海上有一个小岛，上面住着快乐、悲哀、知识和爱，还有其他各类情感。

有一天，情感们得知小岛快要沉没了，于是，大家都准备船只离开小岛。只有爱留了下来，她想要坚持到最后一刻。

过了几天，小岛真的要下沉了，爱想请人帮忙。

这时，富裕乘着一艘大船经过。

爱说："富裕，你能带我走吗？"

富裕答道："不，我的船上有许多金银财宝，没有你的位置。"

爱看见虚荣在一艘华丽的小船上，说："虚荣，帮帮我吧！"

"我帮不了你，你全身都湿透了，会弄坏了我这漂亮的小船。"

悲哀过来了，爱向她求助："悲哀，让我跟你走吧！"

“哦……爱，我实在太悲哀了，想自己一个人待一会!”悲哀答道。

快乐走过爱的身边，但是她太快乐了，竟然没有听到爱在叫她!

突然，一个声音传来：“过来！爱，我带你走。”

这是一位长者。爱大喜过望，竟忘了问他的名字。登上陆地以后，长者独自走开了。

爱对长者感恩不尽，问另一位长者知识：“帮我的那个人是谁?”

“他是时间。”知识老人答道。

“时间?”爱问道，“为什么他要帮我?”

知识老人笑道：“因为只有时间才能理解爱有多么伟大。”

时间能考验一切，在时间的魔力下，一切都会现出原型，只有人间真爱才能真正经受时间的考验，因而也只有时间才能理解真爱的伟大。

热烈的爱情

一天，男孩对女孩说：“如果我只有一碗粥，我会把一半给我的母亲，另一半给你。”女孩喜欢上了男孩。那一年他 12 岁，她 10 岁。

过了 10 年，他们村子被洪水淹没了，他不停地救人，惟独没有亲自去救她。当她被别人救出后，他轻轻地说：“因为我爱她，她死了，我也不会独活。”于是他们在那一年结了婚。那一年他 22 岁，她 20 岁。

后来，全国闹饥荒，他们同样穷得只剩下一点点面了，做了一碗汤面。他让她吃，她舍不得吃，让他吃。三天后，那碗面发霉了。当时，他 42 岁，她 40 岁。

因为祖父曾是地主，他受到了批斗。在那段年月里，她陪着他挨批、挂牌游行，夫妻二人在苦难的岁月里接受了相同的命运！那一年，他 52 岁，她 50 岁。

许多年过去了，这时他们调到城里，每天早上乘公共汽车去市中心的公园，当别人给他们让座时，他们都不愿坐下而让对方站着。车上的人竟不由自主地全都站了起来。那一年他 72 岁，她 70 岁。

她说：“10 年后如果我们都已死了，我一定变成他，他一定变成我，然后他再来喝我送他的那碗粥!”

70 年的风尘岁月，这就是爱情。

经历过痛苦而成熟的爱情，是最热烈的爱情。

爱情的力量

男孩和女孩是在医院里相遇的，同病相怜，很快便成了好朋友。终于有一天，医院告知他们病情已到无法医治的地步。他们各自回家后病情在一天天加重，但他们都没有忘记曾经的一个约定，那就是写信鼓励对方。

三个月后，女孩手中握着男孩的来信，带着微笑合上了双眼。痛心的母亲在整理女儿遗物的时候，发现了一沓尚未发出的信，其中一封告诉妈妈：她曾和男孩有一个约定，答应和他共同度过人生的最后旅程，让妈妈替她履行诺言，并把信陆续寄给他。母亲无法克制自己的感情，决定去见这个男孩，并让他知道有一个女孩要他好好活下去。

找到了男孩的家，她看到的却是桌子正中黑色镜框里一个生气勃勃的男孩。男孩的母亲泪流满面，拿起桌子上的一沓信，哽咽地说，男孩在一个月前已走了，让她替他发出那些给女孩的信，因为有一个与他命运相同的人在等着他的鼓舞……

“直教人生死相许”的并不只是爱情。爱情的力量可以使一个人把另一个人改造得和自己一样。

爱情无罪

在一个世纪前，有一个12岁的小女孩克莱拉，爱上她父亲的学生舒曼。舒曼19岁，才华横溢，有着艺术家时而狂放时而阴郁的个性，这深深迷住了克莱拉。小小的她惟恐舒曼先爱上别人，央求他说：“请你等我长大!”

后来，舒曼练琴伤了手指，无法圆钢琴家的梦了，只好改学作曲，深情脉脉的克莱拉安慰他说：“我把我的手指借给你!”

不过，这段恋情为老父所阻。老父一怒之下将舒曼告进法院，最后却被法官以“爱情无罪”驳回。

克莱拉和舒曼一共生了8个孩子，生活的压力，加上创作太过耗神，舒曼不到30岁就出现精神不稳的现象，几度住进精神病院。

舒曼的病情日益严重，提早结束了自己短暂的一生。克莱拉痛不欲生，把自己完全封闭起来，不与任何人接触，最后还是舒曼的学生布拉姆点醒了她，克莱拉忆起当年的承诺，她要把自己的手指借给挚爱的人。从那一刻起，她把一生的岁月都放在四处巡回演奏舒曼的作品上。舒曼的作品能够流传至今，广为人知，克莱拉功不可没。

真正的爱人心里一定全部装着他心爱的那个人。

缘是爱情的领路人

盖吕萨克是英国著名的化学家。

一天，他到一家商店买衬衣，发现了掉在地上的一张纸。捡起一看，是他自己的化学方程式，便随手塞入了自己的衣服口袋。这时店里记账姑娘大笑。

他问："小姐，您笑什么？"

姑娘说："那是我丢的废纸！"

盖吕萨克掏出那张纸仔细辨认，一点没错，是自己的笔迹啊！

姑娘从桌上取出一本化学书，证实那张纸写的是她做的习题。

盖吕萨克认真地一对，他俩的笔迹竟然如出一人之手，他在那张纸上照着写了几行字，姑娘一看，也不禁暗暗称奇。

他们因此结下了友谊，并成了志同道合的夫妻。

缘是爱情的领路人，一旦遇上就会产生最大的奇迹。

行动胜过语言

有一对夫妻，两个人平日相处融洽，恩恩爱爱，可一旦吵起嘴来谁都不让步，而且还有个不言而喻的默契：吵嘴后谁也不先找谁说第一句话，谁先说话就意味着谁输。有理也算输。

一天晚上，夫妻俩已上床就寝。不知怎么，两人为家庭某件琐事吵嘴。吵到厉害时，妻子气呼呼地踢丈夫一脚说：“滚，滚到沙发上去睡。”半夜，风雨大作，天气骤凉。妻子再也无法入睡，她暗暗心疼丈夫了。睡在沙发上什么也不盖还不冻坏？妻子抱起一床毛毯走到外屋一把推醒丈夫。自己也不说一句话，把毛毯往桌子上一放就回了屋。第二天早晨，妻子进屋一看，丈夫还躺在沙发上呼呼大睡。毯子原封不动地放在桌子上。妻子火冒三丈，拧住丈夫的耳朵，骂道：“困死了困死了，干吗不盖毯子？”丈夫被拧得嗷嗷乱叫，还嬉皮笑脸地说：“嘿嘿，毯子是我刚刚叠好的。”妻子气呼呼地又问：“为什么要花招？”

丈夫仍旧笑模笑样地说：“我想……想叫你说第一句话。”

真爱面前无输赢，有时行动的力量更胜过言语的表白。

藏在心底的爱情

1778 年 1 月，白发苍苍的伏尔泰终于回到了阔别 50 多年的故乡——巴黎。他年轻时由于反对皇帝、敌视教会而被迫背井离乡，一直在欧洲其他国家流亡。

他回到巴黎的消息一传开，整个巴黎都为这位大哲学家的归来而兴高采烈，每天到他寓所来访的不下 100 人。

几天后，他开始回访的是一个居住在贫民区的老妇人，她是伏尔泰的初恋情人。60 年前，伏尔泰向她求爱遭到拒绝后，就再也没有见过她。伏尔泰在一座简陋的房屋里找到她时，她的老态和处境使他大吃一惊；而她的第一句话是：“你怎么这么老了，我简直认不出你了。”

第二天一清早，伏尔泰收到一封信，里面没有一个字，只是一张发黄了的伏尔泰年轻时的画像，这是当年伏尔泰热恋时送给她的纪念品。

没有流露的爱情是神圣的，它隐藏在心底的幽暗处，闪耀如宝石。

爱的故事

罗伯特和妻子玛丽终于攀到了山顶。

但悲剧发生了，罗伯特一脚踩空，高大的身躯打个趔趄，随即向万丈深渊滑去。周围是陡峭的山石，没有手抓的地方。短短的一瞬，玛丽就明白发生了什么事情，下意识地，她一口咬住了丈夫的上衣，当时她正蹲在地上拍摄远处的风景，同时，她也被惯性带向岩边，仓促之间，她抱住了一棵树。

罗伯特悬在空中，玛丽牙关紧咬，你能相信吗？两排洁白细碎的牙齿承担了一个高大魁梧的躯体的全部重量。他们像一幅画，定格在蓝天白云大山峭石之间，玛丽的长发像一面旗帜，在风中飘扬。

一个小时后，过往的游客救了他们。而这时的玛丽，美丽的牙齿和嘴唇早被血染得鲜红鲜红。

有人问玛丽如何能挺那么长时间？玛丽回答：“当时，我头脑里只有一个念头，我一松口，罗伯特肯定会死。”几天后，这个故事像长了翅膀一样飞遍了世界各地。人们发现，死神也怕咬紧牙关。

爱是人性中最活泼、最美丽、最有生命力的因素，也是最能创造生命奇迹的因素。

携手相伴一生

一场突来的地震将一对夫妇压在坍塌的废墟中，无法动弹，也没有一丝光亮。在黑暗与恐惧、干渴与饥饿的交迫下，妻子几乎放弃了生活的信心和勇气。丈夫用尽全力挣扎着携住了妻子的手，给他讲美丽的初恋，讲他所经历的趣事和看到过的动人的风景，甚至饶有兴致地讲述精美菜肴的烹调方法。五天后，他们被营救人员发现，妻子得救了，丈夫却在光明闪现的一霎去了。人们发现，那只至死仍紧紧携着妻子的手满是伤痕和凝血。

可以想见丈夫是以怎样的意志怎样的深爱顽强地携着妻子，为她鼓起了生命的勇气。

在秋叶飘落的黄昏，在细雨微微的伞下，在人声喧闹的十字路口，当我们看见一对对白发老人，相互搀携着，那样的从容，那样的默契，那样的温情，那样的幸福，我们又怎能不驻足并怀着钦羡与感动的心情，为他们深深地祝福呢？

爱情里面要是掺杂了和它本身无关的算计，那就不是真的爱情。

无比高尚的爱情

一本著名杂志上曾登过一则故事：一个日本人装修住宅拆开了墙壁。日式住宅的墙是中间夹了木板，两边是泥土，里面是空的。他拆墙时，发现一只壁虎困在那里，一根从外面钉到里面的钉子，钉住了它的尾巴。主人很惊讶，因为那钉子是十年前盖房子时钉的，这说明这只壁虎困在墙壁里面已经整整十年了，这十年，被钉住尾巴的它，是靠什么生存下来的呢？

过了不久，从另一端又爬来一只壁虎，嘴里含着食物。主人一下被感动了，是爱情，是无比高尚的爱情，是生死不变的爱情！为了被钉住不能动的壁虎，另一只壁虎在这十年里一直在喂它。

爱情像创作和培养孩子一样，需要从精神和意志上付出巨大努力。

培养内在美

有个女生，来到传说的青蛙池塘，世界每一种青蛙这里都有，女生很兴奋地问其中一只青蛙：“你是不是真的青蛙王子？”

青蛙点点头，说：“我就是青蛙王子。”

女生给了青蛙一个热吻，青蛙王子几乎窒息了。

女生看着青蛙王子，期待地问：“你怎么还没变成王子？”

青蛙喘着气，对女生说：“我是青蛙池塘里的王子，不是会变王子的青蛙。”

女生大叫：“恶心死了！”然后，就哭着跑走了。

青蛙不高兴地说：“我都没问她是不是真正的公主呢！”

家贫思良妻，国乱思忠臣。人们外表的美是有限的，想要维持长久的感情，只有内在的培养与心灵的升华，才是真实之道。

英勇的力量

杰克走在乔治亚州某个森林里的小路上，看见前面的路当中有个小水坑。他只好略微改变一下方向从侧翼绕过去，就在接近水坑时，他遭到突然袭击！

这次袭击是那么出人意料，袭击者是一只蝴蝶。

他笑了，又向前跨了一步。攻击者又开始向他俯冲过来。它用头和身体撞击他的胸脯，用尽全部力量一遍又一遍地击打他。

他退后一步，攻击者因此也就延缓了攻击。他每次向前迈出一步，它都不顾一切地向他冲来，他不得不退后一步。最后一次，他退后了好几步，以便仔细观察一下敌情。攻击者撤退了，栖息在地上。就在这时，他才开始明白它刚才为什么要袭击自己。

它有个伴侣——一只红蝴蝶就在水坑边上，红蝴蝶好像已经不行了。它待在它伴侣的身边，尽管红蝴蝶快要死去而杰克又是那么庞大，但为了它的伴侣它依然责无旁贷地向杰克进攻。它这样做，是怕杰克经过时不经意踩到它的伴侣，它的进攻和保护给它的伴侣带来尽可能多一点生命的珍贵时光。

英勇是一种力量，但不是脚步和肩部的力量，而是心灵和灵魂的力量。尽管有时这种力量显得是那么微弱，也能给人以心灵的震撼，甚至能够保护自己的至爱。

爱情需要宽容和谅解

一个即将出嫁的女孩，问母亲一个问题："妈妈，婚后我该怎样把握爱情呢?"

母亲听了女儿的问话，温情地笑了笑，然后从地上捧起一捧沙。

女孩发现那捧沙子在母亲的手里，圆圆满满的，没有一点流失，没有一点撒落。

接着母亲用力将双手握紧，沙子立刻从母亲的指缝间泻落下来。待母亲再把手张开时，原来那捧沙子已所剩无几，其团团圆圆的形状也早已被压得扁扁的，毫无美感可言。

女孩望着母亲手中的沙子，领悟地点点头。

爱情无需刻意去把握，越是想抓牢自己的爱情，反而容易失去自我，失去原则，失去彼此之间应该保持的宽容和谅解，爱情也会因此而变得毫无美感。

多看几眼再决定

当兵的时候，请假是不太容易的，一定要经过长官的批准。

有一位士兵到了长官室，敬礼道："报告！我想请假一个礼拜。"

长官放下手边的工作，问道："什么事情要请一个礼拜?"

士兵声音如游丝般微弱："报告，我……要结婚了。"

长官浅笑着："很好啊，那你们认识多久?"

士兵有种喜悦的光彩："差不多一个月了吧!"

长官不禁质疑着："一个月就要结婚?"

士兵解释着："我跟她感情很好的，她说要跟我天长地久。"

长官立刻补充道："我看，再过半年，要是你还是坚持要结婚的话，我就批准。"

半年后，如期履约，士兵来找长官请假。

长官开心地恭喜着：“呵呵！有半年以上的交往，感情才会稳固。”

士兵的话怯怯地响起：“这次结婚的人，和半年前不是同一人。”

不是每天说爱情的人，感情就能获得滋长。婚姻是终生的事业，而不是公证结婚的钟声可以决定的，我并不赞成一见钟情的方式，我建议多看几眼。

彼此信任

历史系的小雯好难过，因为土木系的男朋友对她越来越冷淡了。

小雯一问才知道，原来男朋友认为她交了新男友。

于是，小雯就在土木系公布栏留言：

给土木系的男朋友：

我不晓得你的历史知识这么差，

难怪你去搬土木，又土又木。

我笔记里写好几遍的李隆基是唐玄宗的名字，不是我的新欢或是男朋友。

拜托你多了解历史，好不好？

很多情侣，多半因细节的误会，而拆散美好的姻缘。既然彼此相爱，就应该彼此信任，一句“我相信你”，远比十句“我爱你”，来得更扎实。

爱情的迁徙

这是一个现代都市里的浪漫爱情故事。他得了绝症。她辞掉了自己的工作，专心在医院里照顾他。两年并不是一个很短的时间，她始终不渝地在床前端饭端药，跑前跑后地侍候着，虽然还没有正式结婚，但他们纯洁的恋情打动了所有的人。他们的病友换了一个又一个，而小伙子的病情不见好转也不见恶化。

终于有一天，医生告诉他们一个沉痛的消息：小伙子挺不过这一周了。女孩痛哭失声，小伙子却长舒了一口气。报社的记者们知道了这个感人的故事也匆匆赶来了。

他们诉说自己的挚爱，说自己美好的愿望；他们倾听，听两人怦怦的心跳，听悲苦但无憾的美丽。听得每个人脸上淌满了泪。

记者们提出给两个人拍一张合影，小伙子却拦住了：“还是不要拍了吧？”

“为什么？”

“将来她还要嫁人呢！我不想打搅她以后正常的生活。”

她扑进他怀里失声痛哭。

第二天报纸上登出的是女孩的侧面照——一张美丽得让人心碎的侧影。

爱情本身就是生命。它不会死亡，只会迁徙。

孩子是母亲最珍贵的珠宝

在几百年前的罗马城，两个孩子正在清晨的阳光下快乐地玩耍，他们的母亲康妮黎亚过来对他们说：“亲爱的孩子，今天有一位富有的朋友要来我们家做客，她还会向我们展示她的珠宝。”

下午，那个富有的朋友来了。金环在她手臂上闪烁着耀眼的光芒，手指上的戒指闪闪发光，脖子上挂着金项链，发髻上的珍珠饰品则发出柔和的光。

弟弟感叹地对哥哥说：“她看起来如此高贵，我从没有见过这么漂亮的人。”

哥哥说：“是的，我也这样觉得！”

他们羡慕地看着客人，又看看自己的母亲。母亲只穿了一件朴素的外套，身上没有任何珍贵的饰品。但是她和善的笑容却照亮了她的脸庞，远胜于任何宝石的光芒。她金棕色的头发编成了一条长长的辫子，盘绕在头上像是一顶皇冠。

“你们想看看我其它的珠宝吗？”富有的女人问。

她的仆人拿来一只盒子并放到桌上。这位女士打开盒子，里头有成堆的像血一样红的红宝石，像天一样蓝的蓝宝石，像海一样碧绿的翡翠，像阳光一样耀眼的钻石。

这对兄弟呆呆地看着这些珠宝："要是我们的母亲能够有这些东西该多好啊!"

客人炫耀完自己的珠宝之后，自满而又怜悯地说："告诉我，康妮黎亚，你真的这么穷吗？什么珠宝都没有吗?"

康妮黎亚坦然地笑道："不，我当然有珠宝，我的珠宝比你的更贵重。"

客人睁大了眼睛："是吗？快拿出来让我看看吧!"

母亲把两个男孩拉到自己的身边，她微笑着说："他们就是我的珠宝。难道他们不比你的珠宝更贵重吗?"

这两个男孩，特贝瑞斯和卡尔斯永远不会忘记他们母亲当时脸上骄傲的表情以及深深的爱意。数年后，他们成为罗马伟大的政治家，但他们仍然常常忆起当年的这一幕。

孩子是母亲最珍贵的珍宝，是母亲最引以为骄傲的珍宝。这种亲情是世界上其它任何东西所无法比拟的。

妈妈爱娃娃

自从外号叫"白玉娃娃"的孩子，定时被带到小公园来，原来在那里聚集的妈妈和她们的小孩们，就突然不见了。

不是不来，只是大家换了时间，避开跟白玉娃娃在一块儿。

"那孩子真是太漂亮了！真像是白玉雕的，线条鲜明，浓浓的眉毛下面一双大得出奇又只见黑不见白，像一泓潭水的眼睛；翘翘的鼻子，小嘴旁还挂着两个深深的酒窝呢！怎么世上最美的全长在她一人身上去了呢？我们娃娃两只眼睛都不如她一只大!"每个妈妈心里都这么说。有时不小心遇到白玉娃娃，更忍不住夸赞，那是忍不住，不得不赞叹。

跟着便有些自惭形秽起来，连回家之后，都要对自己的娃娃左看右看，然后叹口气："为什么比人家的白玉娃娃差得那么远呢?"

这种不平，大约持续了两三个月，突然妈妈们不再躲避了，她们甚至专在白玉娃娃出现的时间，抱着自己的宝宝去。

她们故意靠着白玉娃娃坐着，看着白玉娃娃，又看看自己的孩子，然后把手里的孩子搂得更紧，亲得更重，爱得更深："你虽比不上白玉娃娃，但妈妈疼你呀！妈妈爱你呀！你好伟大，让妈妈爱！妈妈好伟大，一心爱自己的丑娃娃！”

妈妈爱娃娃，这本是人之天性，无可厚非，往往也是妈妈的弱点，过分疼爱就有可能导致溺爱。记得千万不要让孩子被爱淹没的原则。

伟大的母爱

有一个美国旅行者在非洲撒哈拉沙漠看到这样的一幕：

无人区里有一只母骆驼带着几只小骆驼一路低着头，不时地停下来闻着干燥的沙子。按照常识，美国人知道这是骆驼在找水喝。

它们显然渴坏了，几只小骆驼无精打采地走着。在太阳的炙烤下，它们的眼睛血红血红的，看起来它们有些支撑不住了。

旅行者还发现，小骆驼们紧紧地挨着骆驼妈妈，而母骆驼总是根据不同的方向驱赶孩子们走在她的阴影里。

终于，它们来到一个半月形的泉边停住了。几只小骆驼兴奋异常，打着响鼻。

可是，泉水离地面太远了，站在高处的几只小骆驼不论怎么努力也无法把嘴凑到泉水边上去。

惊人的一幕发生了。那只骆驼妈妈围着她的孩子们转了几圈，突然纵身跃入深潭……水终于涨高了，刚好能让小骆驼们喝着。

世上没什么爱比母爱更伟大的了，为了她的爱，她有时甚至可以牺牲自己的生命。

生命的跪拜

有一屠户从集市上买来一头牛，这头牛体格健壮，肚大腰圆，屠户满心欢喜地牵牛回家，提刀近前准备开宰。

这时，牛的眼睛里满含泪水，屠户知道，牛是通人性的，它已经预感到自己的命运了。但屠户还是举起了刀子。突然，牛的两条腿扑通跪下，眼睛里泪如雨下。屠户从事屠宰业已十多年，死在他刀下的牛不计其数，牛在临死前掉泪他见的多了，但牛下跪还是头一次见到。屠户来不及多想就手起刀落，鲜红的血顿时从牛的脖子里汩汩流出，然后对牛进行剥皮开腔。

当打开牛的腹腔时，屠户一下子惊呆了，手中的刀子咣当落地——在牛的子宫里，静静地躺着一头刚长成形的牛犊。

屠户这才知道，牛为什么双腿下跪，这是在为自己的孩子苦苦哀求啊。屠户沉思良久，破例没有把牛拉到集市上去出卖，而是把母牛和那个还未出生的牛犊，掩埋在旷野之中。

所有的母爱，其实表达起来都是这样的简单，它没有做作，没有张扬，有的只是极其普通又撼人心魄的细节。

要有博爱之心

子发是战国时期楚国的一位大将军。一次，他带兵与秦国作战，前线断了粮草，派人向楚王告急。使者顺便去看望子发的老母。老人问使者："兵士都好吗？"使者回答："还有点豆子，只能一粒一粒分着吃。""你们将军呢？"使者回答道："将军每餐都能吃到肉和米饭，身体很好。"

子发得胜归来，母亲紧闭大门不让他进家门，并派人去告诉子发："你让士兵饿着肚子打仗，自己却有吃有喝，这样做将军，打了胜仗也不是你的功劳。"母亲又说："越王勾践伐吴的时候，有人献给他一罐酒，越王让人把酒倒在江的上游，叫士兵们一起饮下游的水。虽然大家没尝到酒味，却鼓舞了全军的士气，提高了战斗力。现在你却只顾自己不顾士兵，你不是我的儿子，你不要进我的门。"

子发听了母亲的批评，向母亲认了错，决心改正，才得以进家门。

"子不教，父之过"，子女成长的好坏，长辈负有极大的责任。若要孩子成为大器之才，必须在孩子心中植下博爱之心。有了博爱之心，才有施爱于他人的可能。

家和万事兴

一位老人不久将离开人世，他把3个儿子召唤到病榻前说："亲爱的孩子，你们试试能否把这捆箭折断，我还要给你们讲讲它们捆在一起的原因是什么。"

长子拿起这捆箭，使出了吃奶的力气也没折断："把它交给力气大的人才行。"他把箭交给了老二。二儿子接着使劲折，也是白费力气。小儿子想来试试也只是徒劳，一捆箭一根也没折断，还是老样子。

"没有力气的人，"父亲说，"你们瞧瞧，看看你们父亲的力气如何？"3个儿子以为父亲在说笑，都笑而不答，但他们都误解了。老人拆开这捆箭，毫不费劲地一一折断。

"你们看，"他接着说，"这就是团结一致的力量。孩子们，你们要团结，用手足情意把你们拧成一股绳。这样，任何人、任何困难都打不垮你们。"这是他在患病期间说话说得最多的一次。

说完后，老人感到自己就要撒手归西了，对孩子们说："孩子们，记住我的话，你们要始终团结，在临终前我要得到你们的誓言。"3个儿子一个个都哭成了泪人，他们向父亲保证会照他的话去做。父亲满意地闭上了双眼。

三兄弟清理父亲的遗物时，发现父亲留下了一笔丰厚的财产，但留下的麻烦也不少，有个债主要扣押财产，另一个邻居又因为土地要和他们打官司。

开始时，三兄弟还能协商处理，问题很快解决了。然而这兄弟之情是如此短暂，虽有共同的血统，但各自的利益促使他们分离。欲望、嫉妒和法律问题困扰着三兄弟，他们争吵着分家，法官不得不在许多事情上对他们一一课以处罚。

债主和邻居重新翻案，一个说错判要重新起诉，另一个则由于前次诉讼不合手续又提出申诉。不团结的兄弟们内部分歧更大了，互相使坏，最后他们丢失了全部的家产。当想起捆在一起又被拆散的箭和父亲的教诲时，他们都后悔莫及。

团结一致，力量无穷，没有不可克服的困难；家和才能万事兴，内耗就会走向衰败；家庭如此，国家亦如此。

人间最珍贵的亲情

一位父亲下班回到家已经很晚了，他的工作压力很大，心里也有点烦，他想休息一下，而这时，他发现自己5岁的儿子靠在门旁等他。

“爸，我可以问你一个问题吗?”

“什么问题?”

“爸，你一小时可以赚多少钱?”

“为什么问这个问题?”父亲问道。

“我只是想知道，请告诉我，你一小时能赚多少钱?”小孩哀求。

“我一小时赚20美金，这有什么问题吗?”父亲没好气地说。

“哦，”小孩低下头，接着又说，“爸，可以借我10美金吗?”父亲有些生气了：“别想拿钱去买那些毫无意义的玩具，给我回到你的房间并上床。你为什么这么自私呢?我每天都在辛苦地工作，这你根本无法体会，我没有时间和你玩小孩子的游戏。”

孩子安静地回到自己的房间并关上门，父亲生气地坐在客厅里。过了一会儿，他心里平静了下来，觉得刚才对孩子太凶了——或许孩子真的很想买什么东西，再说他平时很少要过钱。

父亲走进孩子的房间，发现孩子正躺在床上，他悄悄地问道：“你睡了吗，孩子?”

“爸，还没，我还醒着。”孩子回答。

“对不起，我刚才对你太凶了，”父亲边说边将钱递给孩子，“这是你要的10美金。”

“爸，谢谢你。”小孩欢叫着从枕头下面拿出一些被弄皱的钞票，慢慢地数着。

“你已经有钱了，为什么还要?”父亲又有些生气，他不知道这个孩子今天是怎么了。

“因为在这之前不够，但我现在够了。”小孩回答，“爸，我现在有20美金了，我可以向你买一个小时的时间吗?明天请早一点回家——我想和你一起吃晚餐。这是我盼望已久的事情，可以吗?”

应该多花一点儿时间来陪伴那些在乎我们、关心我们的人，而不要让时间从手指间轻易溜走，在不经意之间忽略了人间最珍贵的亲情。

爱的温馨

一位睿智的父亲，为了考验三个儿子的聪明才智，经过苦心设计，想出了一道试题。父亲分别给了三个儿子每人100元钱，要他们用这100元钱去买他们所能想到的任何东西，再将买回来的东西，设法装满一个占地超过100平方米的巨大仓库。

长子思考了很久，决定将100元钱全部去买最便宜的稻草。结果，稻草运回来之后，连仓库的一半都装不满。

次子稍微聪明一些，他将那100元钱买了一捆捆棉花，将棉包拆开，希望能装满仓库。但是依然装不满巨大仓库的三分之二。

小儿子看着两个哥哥的举动，等他们试过并失败之后，小儿子轻松地走进仓库，将所有的窗户牢牢关上，请父亲也走进仓库中。然后小儿子把仓库的大门关好，整个仓库霎时变得伸手不见五指，黑暗无比。这时，小儿子从口袋中拿出他花了1元钱买来的火柴，点燃也是用1元钱买的小蜡烛。

顿时，漆黑的仓库中充满了蜡烛所发出的光芒，虽然微弱，却是温暖无比。

一味地追求物欲或仅仅用物质来满足自己，那是无法满足空虚的心灵的。只有爱才能给人带来温馨，才能填满空虚的心灵。

打开窗户进阳光

杰克和约翰兄弟两人住在一楼的阁楼上，由于年久失修，卧室的窗户只能整天密闭着。厚厚的布满灰尘的窗户遮蔽住了阳光，整个屋子十分阴暗。

兄弟俩看见外面灿烂的阳光觉得十分羡慕，于是就商量说：“我们可以一起把外面的阳光扫一点进来。”于是就拿着扫帚和簸箕，到阳台去扫阳光了。

他们很用心地将映在地上的阳光扫进簸箕里，然后又小心翼翼地搬进阁楼，可是一进楼梯口的黑暗处，阳光就没有了。但是他们并没有放弃，而是一而再，再而三地扫，小心翼翼地搬，但依然是徒劳，屋内还是没有阳光。

“为什么我这样努力都无法将阳光运到屋子里呢?”这个问题让他们困惑不已。

正在厨房忙碌的母亲看见他们奇怪的举动，问道：“你们在做什么?”

他们回答说：“房间里太暗了，我们要扫点阳光进来。”

母亲笑道：“只要把窗户打开，阳光自然会进来，何必去扫呢?”

人心也是如此，热情的阳光并不需要刻意地去扫，只要将心门向外开启即可。当你肯把封闭的心门敞开，虽然只露出一点缝儿，你也可以立即感受到无穷的光明和温暖。

打开心门的钥匙

库房大门上有一副坚固的门锁，粗大的铁棒自以为很有办法，一定可以打开这把锁，但是不管它用撬或者捶，费了多大的劲儿，都无法打开门锁。

钢锯看不过去，接着上场，但是任凭它左锯右拉，门锁还是纹丝不动。

这时，一把毫不起眼的钥匙悄悄出现，扁平弯曲的身子，一副弱不禁风的样子。当它钻进锁孔时，一下子就把那副坚固的门锁打开了。

“你怎么做到的?”铁棒和钢锯不解地问道。

“因为我最懂它的心。”钥匙轻柔地回答。

每个人的心门上都有一把大锁，人与人之间一切的误会、猜疑和隔阂，往往出于不了解。惟有真正了解他们内心的需要并能给予最贴心的帮助的人才能打得开。

爱心与关怀最有效

一个小男孩，收到爷爷给他的一份生日礼物，那是一只可爱的小乌龟。他在兴奋之余，很想和乌龟一起玩耍，但乌龟初到陌生的环境，一下子就把头脚缩进了壳里。小男孩便用棍子捅它，想把它赶出来，但却一直没有效果。

爷爷看到他的举动，就说："不要用这种方法，我教你一个更好的办法。"他和小男孩把乌龟带进屋内，放在暖和的壁炉旁，几分钟后乌龟觉得热了，便伸出了它的头和脚，主动向小男孩爬去。

"有时候人也像乌龟一样。"爷爷说，"不要用强硬的手段逼迫人，只要以善意、亲切、诚挚和热情的方式，使他觉得温暖，他就一定会去做你想要他做的事。"

当我们要打开人们的心房时，亲切真挚的爱心与关怀，是最快、最有效的方法。

生活的责任

一个人觉得生活很沉重，便去见哲人，寻求解脱之法。

哲人给他一个篓子让他背在肩上，指着一条沙石路说："你每走一步就捡一块石头放进去，看看有什么感觉。"那人开始遵照哲人所说的去做，哲人则快步走到路的另一头。

过了一会儿，那人走到了头，哲人问他有什么感觉。那人说："越来越觉得沉重。"

"这就是你为什么感觉生活越来越沉重的原因。"哲人说："每个人来到这个世界上的时候，都背着一个空篓子，在人生的路上我们每走一步，都要从这个世界上捡一样东西放进去，所以就会有越走越累的感觉。"

那人问："有什么办法可以减轻这种沉重吗？"

哲人问他："那么你愿意把工作、爱情、家庭、友谊哪一样拿出来呢?"

那人沉默不语。哲人说："我们每个人的篓子里装的不仅仅是精心从这个世界上寻找来的东西，还有责任。当你感到沉重时，也许你应该庆幸自己不是另外一个人，因为他的篓子可能比你的大多了，也沉多了。"

人活世上要负的责任随着岁月的增加而不断增多，如果把这些责任都当成包袱，则日益觉其沉重；反之，如果把它们都当成拥有的胜利品时，则日益觉得轻松愉快。

正确看待人生和社会

老人静静地坐在一个小镇郊外的马路边。

一位陌生人开车来到这个小镇，看到了老人，停下车打开车门，向老人问道："老先生，请问这个城镇叫什么名字？住在这里的人属于哪类人？我正在寻找新的居住地!"

老人抬头看了一眼陌生人，回答说："你能告诉我，你原来居住的那个小镇上的人是什么样的吗?"

陌生人说："他们都是一些毫无礼貌、自私自利的人。住在那里简直无法忍受，根本无快乐可言，这正是我想搬离的原因。"

听了这话后，老人说："先生，恐怕你又要失望了，这个镇上的人和他们完全一样。"陌生人怏怏地开车离开了。

过了一段时间，另外一位陌生人来到这个镇上，向老人提出了同样的问题："住在这里的是哪一种人呢?"

老人也用同样的问题来反问他："你现在居住的镇上的人怎么样?"

陌生人回答："哦！住在那里的人非常友好，非常善良。我和家人在那里度过了一段美好的时光，但是，我因为职业的原因不得不离开那里，希望能找到一个和以前一样好的小镇。"

老人说："你很幸运，年轻人，居住在这里的人都是跟你们那里完全一样的人，你将会喜欢他们，他们也会喜欢你的。"

如果眼睛是太阳，那么看到的也是太阳，如果眼睛是黑暗，那么看到的也是黑暗；看待人生和社会，一定要有辩证的思维、科学的态度，不能追求完美无缺，不能求全责备。

学会给别人“面子”

沃恩每年都会受邀参加某单位的杂志评审工作，这个工作虽然报酬不多，但却是一项荣誉，很多人想参加却找不到门路，也有人只参加一两次，就再也没有机会了！沃恩年年有此“殊荣”，让大家都羡慕不已。

他在年届退休时，有人问他其中的奥秘，他微笑着向人们揭开谜底。

他说，他的专业眼光并不是关键，他的职位也不是重点，他之所以能年年被邀请，是因为他很会给别人“面子”。

他说，他在公开的评审会议上一定会把握一个原则：多称赞、鼓励，而少批评。但会议结束之后，他会找来杂志的编辑人员，私底下告诉他们编辑上的缺点。

因此，虽然杂志有先后名次，但每个人都保住了面子。也正是因为他顾虑到别人的面子，因此承办该项业务的人员和各杂志的编辑人员，都很尊敬他、喜欢他，当然也就每年找他当评审了！

给人面子并不难，赞扬和批评有一定的分寸和场合，既坚持原则性，也要讲究灵活性，既坚持真理，也不能得理不饶人，也要给人以面子，只有这样，自己才能够有面子。

不喜欢的人

同学之间彼此不和，惊动了老师。

一天上课时，老师给每人发了一张纸条，要求全班同学以最快的速度，写出他们所不喜欢的人的姓名。

有些同学在30秒之内，仅能够想出一个，有的同学甚至一个也想不出来，但是另外一些学生却能一口气列出15个之多。

老师将纸条逐一收上来，然后进行统计分析，结果发现，那些列出不喜欢的人数目最多的，自己也正是最不受众人所喜欢的，而那些没有不喜欢的人，或者不喜欢的人很少的同学，也很少有人讨厌他。于是，老师得出一个结论：大体而言，他们加诸别人的批判，正是对他们自身的批判。

当你喜欢别人时，别人也可能会接纳你；但是当你不喜欢别人时，别人也可能不会接纳你。你对别人怎样，别人也会对你怎样。

宽容的妙处

乔治·罗纳曾在维也纳当过多年律师，第二次世界大战期间，他逃到瑞典，变得一文不名，急切地需要一份工作。他能说能写几国的语言，希望能在一些进出口公司找到一份秘书的工作。但是，绝大多数公司都回信告诉他，因为正在打仗，他们不需要这类人才。不过他们会把他的名字存在档案里……

在这些回复中，有一封信这样写道：“你完全没有了解我们的生意。你又蠢又笨，我根本不需要什么替我写信的秘书。即使需要，也不会请你这样一个连瑞典文也写不好，信里全是错字的人。”

乔治·罗纳看到这封信时，气得发疯。乔治·罗纳也写了一封信，想气气那个人。但他冷静下来对自己说：“等等！我怎么知道这个人说得不对呢？瑞典文毕竟不是自己的母语。如果真是如此，想要得到一份工作，就必须不断努力学习。他用难听的话来表达他的意见，并不意味着我没有错误。因此，我应该写封信感谢他才对。”

于是，他重新写了一封感谢信：“你写信给我，我实在是感激不尽，尤其是在你并不需要秘书的情况下。我对自己将贵公司的业务弄错一事表示抱歉。之所以给你回信，是因为听他人介绍，说你是这个行业的领导人物。我的信上有很多文法上的错误，而自己却无法自知，我备感惭愧，而且十分难过。现在，我计划加倍努力去学瑞典文，改正自己的错误，谢谢你帮助我不断地进步。”

不久，乔治·罗纳就收到那个人的回信，并且给了他一份工作。通过这件事，乔治·罗纳发现了宽容的妙处。

当别人指出自己的缺点和错误时，无论是恶意还是善意，都要虚心接受并努力改正，只有这样，才能增加自己的才干，不断提高自己的能力，也才能赢得更多的朋友。

顽强精神会感动天地

11 岁的美国女孩麦琪患了一种疾病，属于神经系统方面，很难治疗。在这种疾病的压迫下，麦琪已经无法走路，连举手、吃饭也受到诸多限制，并且日渐衰弱。医生对她是否能复原并不抱太大的希望，他们预测她的余生将在轮椅上度过。因为在医疗史上，患这种疾病的人几乎没有能够康复的。

在这样的一片灰色气氛下，麦琪并不畏惧。她躺在医院的病床上，向任何一个愿意倾听她诉说的人发誓，总有一天她会站起来走路。她还说，她要在跑道上跑出每秒 9 米的好成绩。

根据需要，麦琪被转送到一所位于旧金山的复健专科医院，所有适用于她的治疗方法都用上了。这里的治疗师被她不屈的意志深深折服了，他们教她运用想象力来进行自我治疗，这种方法就是不断想象自己在走路。虽然这种想象法可能不能使她走路，但至少能够给她希望，让她在冗长乏味的病榻时日里，能有一种积极向上的精神状态。

在旧金山的日子里，不论是物理治疗、药物治疗，还是运动治疗，麦琪都竭尽全力配合。躺在床上时，麦琪也在认认真真地做想象的功课。她反复想象自己能迈步了，能小跑了，真正地像常人那样能行动了……

有一天，在她再度使尽全力想象自己的双腿又能行动时，似乎奇迹真的发生了：床动了！床开始在房间里到处移动！她大叫："看啊！看啊！看看我！我动了！我可以动了！"

此时，医院里每一个人都在尖声叫着。他们在大吵大嚷的同时，不是去向麦琪道贺，而是寻找遮蔽物。旧金山大地震发生了！医疗器材接二连三倒地，窗户上的玻璃也碎裂了。在一片混乱情景下，那些被麦琪不屈不挠精神所感动的人们没有忘记一条，就是相信麦琪真的能行动了，而不是告诉她是地震在作怪！

短短的一年时间后，麦琪又回到学校上课了！她是用她的双脚来走路，而不是用拐杖，也不是用轮椅。并且，她在朝每秒 9 米的短跑速度迈进。瞧，11 岁的麦琪"震动"了旧金山地区的土地，并且蒙上了一层神奇色彩。

假若你也能震动大地，那么你也能做出凡人所不能做出的事情。什么样的东西能震动大地？顽强精神便是其中一种！你说是不是？

当然，旧金山大地震与麦琪的治疗风马牛不相及，两件事情纯属巧合。任何一件事情再感人至极，也不会感动大自然。但是每个人都应该有这样的想法：努力去做，说不准真的会感动天地！

成功只在一念之间

日本的清酒与我国江南的黄酒比较类似，都是深受欢迎的普及型大众米酒。但日本的米酒在明治之前是比较浑浊的，这是美中不足之处。很多人想了各种办法，却找不到使酒变清的法子。

那时候，在大孤有一个名叫鸿池善右卫门的小商人，以制作和经营米酒为生。一天，他与仆人发生了口角。仆人怀恨在心，伺机报复。他在晚间将炉灰倒入做成的米酒桶内，想让这批米酒变成废品，叫主人吃亏。干完了小勾当，这个卑劣的仆人逃之夭夭。

第二天早晨，善右卫门到酒厂查看，发现了一个从未有过的现象，原来浑浊的米酒变得清亮了。再细看一下，桶底有一层炉灰。他敏锐地觉得这炉灰具有过滤浊酒的作用。他立即进行试验、研究。经过无数次的改进之后，终于找到了使浊酒变成清酒的办法，制成了后来畅销日本的清酒。

似乎善右卫门在“一念之间”就酿成了清酒。他的成功似乎是灵感乍现的结果，是神灵的格外恩赐。

真的，有一种成功只是在一念之间就实现的，与这种成功相对的是另一种情况，即对成功孜孜以求，付出了太多的努力，成功却不肯光顾。似乎成功很偏心，对有些人特别青睐，对另一些人却特别刻薄。

不要因为努力一时不见结果而垂头丧气，更不要以为成功是神灵的恩赐而守株待兔。“一念之间”能获得成功，是因为在此之前，已经过了千锤百炼。

信念萌发奇迹

罗杰·罗尔斯是纽约州的第53任州长，也是纽约州历史上的第一位黑人州长。他出生于纽约声名狼藉的大沙头贫民窟。这里环境肮脏，充满暴力，是偷渡者和流浪汉的聚集地。在这儿出生的孩子，从小就耳濡目染逃学、打架、偷窃甚至吸毒等事，长大后很少有人获得体面的职业。然而，罗杰·罗尔斯是个例外，他不仅考入了大学，而且成了州长。

在就职的记者招待会上，到会的记者提了一个共同的问题："是什么把你推向州长宝座的？"面对300名记者，罗尔斯对自己的奋斗史只字未提，他仅说了一个非常陌生的名字——皮尔·保罗。后来人们才知道，皮尔·保罗是罗尔斯上小学时的一位校长。

1961年，皮尔·保罗被聘为诺必塔小学的董事兼校长。当时正值美国嬉皮士流行的时代，他走进大沙头诺必塔小学的时候，发现这儿的孩子比"迷惘的一代"还要无所事事，他们不与老师合作，旷课、斗殴，甚至砸烂教室的黑板。皮尔·保罗想了很多办法来引导他们，可是没有一个是有效的。

后来，他发现这些孩子都很迷信，于是在他上课的时候就多了一项内容——给学生看手相。凡经他看过手相的学生，没有一个不是州长、议员或富翁的。

当罗尔斯从窗台上跳下，伸着小手走向讲台时，皮尔·保罗说："我一看你修长的小拇指就知道，将来你是纽约州的州长。"当时，罗尔斯大吃一惊，因为长这么大，只有他奶奶让他振奋过一次。皮尔·保罗先生竟说他可以成为纽约州的州长，着实出乎他的预料。他记下了这句话，并且相信了它。

从那天起，纽约州州长就像一面旗帜飘扬在他心间。他的衣服不再沾满泥土，他说话时也不再夹杂污言秽语，他开始挺直腰杆走路，他成了班主席。在以后的几十年里，他没有一天不按州长的身份要求自己。51岁那年，他真的成了州长。

在他的就职演说中有这么一段话。他说："信念值多少钱？信念是不值钱的，它有时甚至是一个善意的欺骗，然而你一旦坚持下来，它就会迅速升值。”

如果我们有做成一件事的强烈愿望，并乐意为之付出代价，没有什么事情是不可能的！一切成功，都是靠强烈的信念实现的！

每个人都会有自己的信念，但不一定能坚持下去。只要坚持信念，将会萌发奇迹。如果当初他没有坚持信念，半途放弃，怎么会萌发奇迹呢？

信心创造奇迹

在宋代，有一段时期战争频频，国患不断。一位大将军叫李卫，带领人马杀赴疆场，不料自己的军队势单力薄，寡不敌众，被困在小山顶上，注定要被敌军吞没。

就在士气大减，甚至就要在缴枪投降的时候，将军李卫站在大家面前说：“士兵们，看样子我们的实力是不如人家了，可我却一直都相信天意，老天让我们赢，我们就一定能赢，所以我这里有九枚铜钱，向苍天企求保佑我们冲出重围。我把这九枚铜钱撒在地上，如果都是正面，一定是老天在保佑我们，如果不全是正面的话，那肯定是老天告诉我们不会冲出去的，我们就投降。”

此时，每个士兵都闭上了眼睛，跪在地上，烧香拜天，企求苍天保佑。这时，李卫摇晃着铜钱，一把撒向空中，落在地上。开始士兵们都不敢看，谁会相信九枚铜钱都是正面呢！

可突然传来一声尖叫：“快看，都是正面。”大家都睁开了眼睛往地上看，果真都是正面。

士兵们跳了起来，把李卫高高举起，喊到：“我们一定会赢，老天保佑我们了！”

李卫拾起铜钱说：“那好，既然有苍天的保佑，我们还等什么，我们一定会冲出去的，各位，鼓起勇气，我们冲啊！”

就这样，一小股人马竟然奇迹般地战胜了强大的敌人，突出重围，保住了军队。

事后，将士们谈起铜钱的事情，都说：“如果那天没有上天保佑我们，我们就没有办法出来了！”

这时候，李卫从口袋里掏出了那九枚铜钱，大家都惊奇地发现，铜钱的两面都是正面！

要成就事业，必须首先培养自信心，相信自己的能力，相信别人能做到的事，自己也一定能做到和做得更好！信心能够战胜一切困难！逆境需要意志，顺境需要理智。

信心能创造奇迹！具备什么样条件的人可以创造奇迹？但至少一个不相信奇迹的人是无法创造奇迹的，奇迹总是由那些相信有奇迹的人来创造的。

现在就行动

有一个六岁的小男孩，一天在外玩耍时，发现一个鸟巢被风从树上吹掉在地，从里面滚出一只嗷嗷待哺的小麻雀。小男孩决定把它带回家喂养。

当他托着鸟巢走到家门口的时候，突然想起妈妈不允许他在家里养小动物。于是，他轻轻地把小麻雀放在门口，急忙走进屋去恳求妈妈。在他的哀求下，妈妈终于破例答应了。

小男孩兴奋地跑到门口，不料小麻雀已经不见了，他看见一只黑猫正在意犹未尽地舔着嘴巴。小男孩为此伤心了很久。

但从此他也记住了一个教训：只要是自己认定的事情，决不可优柔寡断。这个小男孩长大后，成就了一番事业，他就是华裔电脑名人——王安博士。

再聪明的人，也要有积极的行动。个人的行动是我们惟一可以有能力支配的东西，这些行动的结果不仅成了我们的习惯，而且也成了我们的性格。

人的一生，是采取或者不采取行动的结果！为了明天拥有，必须在今天行动。事业成功，只有一个道理；事业不成功，可以找到一百个理由和借口！

机会只给有准备的人

甲在合资公司做白领，觉得自己满腔抱负没有得到上级的赏识。他经常想，如果有一天能见到老总，有机会展示一下自己的才干就好了！

甲的同事乙，也有同样的想法，他更进一步，去打听老总上下班的时间，算好他大概会在何时进电梯，他也在这个时候去坐电梯，希望能遇到老总，有机会可以打个招呼。

他们的同事丙更进一步，他详细了解了老总的奋斗历程，弄清了老总毕业的学校、人际风格、关心的问题等，还精心设计了几句简单但有分量的开场白，在算好的时间去乘坐电梯。跟老总打过几次招呼后，终于有一天跟老总长谈了一次，不久就争取到了更好的职位。

生活中的人们看上去好像没有什么差别，然而面对事物的态度各有不同。有人在问题中找机会，有人在机会中找问题；有人遇到困难找方法突破，有人遇到困难找借口抱怨；有人吃问题长大，总结出方法来；有人吃方法还制造出许多问题。不同的表现，已经预期了成功与失败的必然结果！

愚者错失机会，智者善抓机会，成功者创造机会，机会只给准备好的人。

善用资源会成功

有个富家子弟特别爱吃饺子，每天都要吃。但他嘴又特别刁，只吃馅，他把两头的皮尖尖就丢到后面的小河里去。

好景不长，在他 16 岁那年，一把大火烧毁了他全家，父母在急怒中相继病逝。这下他身无分文，又不好意思要饭。

邻居家大嫂非常好，每餐给他吃一碗面糊糊。他则发奋读书，三年后考取官位回来，一定要感谢邻居大嫂。

大嫂对他讲：“不要感谢我。我没有给你什么，都是我收集了当年你丢的饺子皮尖，晒干后装了好几麻袋，本来是想备不时之需的。正好你有需要，就又还给你了。”

大官思考了良久，良久……

有一个著名的三八理论：八小时睡觉，八小时工作，这每个人都一样。人与人之间的不同，在于他的业余时间怎么度过。

时间是最有情、也最无情的东西，每个人拥有的都一样，非常公平。但拥有资源的人不一定成功，善用资源的人才会成功。白天图生存，晚上求发展，这是21世纪对人才的要求。

奇迹是执著者创造的

一天，我发现一只黑蜘蛛在后院的两檐之间结了一张很大的网。难道蜘蛛会飞？要不然，从这个檐头到那个檐头，中间有一丈余宽，第一根线是怎么拉过去的？

后来，我发现蜘蛛走了许多弯路——从一个檐头起，打结，顺墙而下，一步一步向前爬，小心翼翼，翘起尾部，不让丝沾到地面的沙石或别的物体上，走过空地，再爬上对面的檐头，高度差不多了，再把丝收紧。以后也是如此。

信念是一种无坚不摧的力量，当你坚信自己能成功时，你必能成功。蜘蛛不会飞翔，但它能把网结在半空中。它是勤奋、敏感、沉默而坚韧的昆虫，它的网结得精巧而规矩，八卦形地张开，仿佛得到神助。

这样的成绩，使人不由得想起那些沉默寡言的人和一些深藏不露的智者。蜘蛛不会飞翔，但它照样把网结在空中。奇迹是执着者造成的。

坚持就会成功

1965年，一位韩国学生到剑桥大学主修心理学。在喝下午茶的时候，他常到学校的咖啡厅或茶座听一些成功人士聊天。这些成功人士包括诺贝尔奖获得者、某些领域的学术权威和一些创造了经济神话的人。这些人幽默风趣，举重若轻，把自己的成功都看得非常自然和顺理成章。

时间长了，他发现，在国内时，他被一些成功人士欺骗了。那些人为了让正在创业的人知难而退，普遍把自己的创业艰辛夸大了，也就是说，他们在用自己的成功经历吓唬那些还没有取得成功的人。

作为心理学系的学生，他认为很有必要对韩国成功人士的心态加以研究。1970年，他把《成功并不像你想象的那么难》作为毕业论文，提交给现代经济心理学的创始人威尔·布雷登教授。

布雷登教授读后，大为惊喜，他认为这是个新发现，这种现象虽然在东方甚至在世界各地普遍存在，但此前还没有一个人大胆地提出来并加以研究。惊喜之余，他写信给他的剑桥校友——当时正坐在韩国政坛第一把交椅上的人——朴正熙。他在信中说："我不敢说这部著作会对你有多大的帮助，但我敢肯定，它比你的任何一项政令都能产生震动。"

后来这本书果然伴随着韩国的经济起飞了。这本书鼓舞了许多人，因为他们从一个新的角度告诉人们，成功与"劳其筋骨，饿其体肤"、"三更灯火五更鸣"、"头悬梁，锥刺股"没有必然的联系。后来，这位青年也获得了成功，他成了韩国泛业汽车公司的总裁。

只要你对某一项事业感兴趣，长久地坚持下去就会成功，因为上帝赋予你的时间和智慧，足够你圆满做完一件事情。

并不是因为事情难我们不敢做，而是因为我们不敢做事情才难的。人世中的许多事，只要想做，都能做到，该克服的困难，也都能克服，用不着什么钢铁般的意志，更用不着什么技巧或谋略。只要一个人还在朴实而饶有兴趣地生活着，他终究会发现，造物主对世事的安排，都是水到渠成的。

忘我是走向成功的一条捷径

1858年，瑞典的一个富豪人家生下一个女儿。然而不久，孩子患上了一种无法解释的瘫痪症，丧失了走路的能力。

一次，女孩和家人一起乘船旅行。船长的太太给孩子讲，船长有一只天堂鸟。女孩被这只鸟的描述迷住了，极想亲自看一看。

于是，保姆把孩子留在甲板上，自己去找船长。孩子耐不住性子等待，她要求船上的服务生立即带她去看天堂鸟。那服务生并不知道她的腿不能走路，而只顾带着她一道去看那只美丽的小鸟。

奇迹发生了，孩子因为过度地渴望，竟忘我地拉住服务生的手，慢慢地走了起来。从此，孩子的病便痊愈了。

女孩长大后，又忘我地投入到文学创作中，最终成为第一位荣获诺贝尔文学奖的女性，她就是茜尔玛·拉格萝芙。

忘我的人是精神境界最高尚的人，忘我的人最终得到极大的“自我”，不忘我的人最终失去自我，这种忘我的具体表现就是用真心付出。做任何事情，只有刻苦钻研、忘我投入，才能获得成功。

不要把自己当做老鼠，否则肯定会被猫吃掉。忘我是走向成功的一条捷径，只有在这种环境中，人才会超越自身的束缚，释放出最大的能量。

坚持不懈

有个年轻人去微软公司应聘，而该公司并没有刊登过招聘广告。见总经理疑惑不解，年轻人用不太熟练的英语解释说，自己是碰巧路过这里，就贸然进来了。总经理感觉很新鲜，破例让他一试。

面试的结果出人意料，年轻人表现糟糕。他对总经理的解释是，事先没有准备。总经理以为他不过是找个托词下台阶，就随口应道：“等你准备好了再来试吧。”

一周后，年轻人再次走进微软公司的大门，这次他依然没有成功。但比起第一次，他的表现要好得多。而总经理给他的回答仍然同上次一样：“等你准备好了再来试。”

就这样，这个青年先后五次踏进微软公司的大门，最终被公司录用，成为公司的重点培养对象。

什么东西比石头还硬，或比水还软？然而软水却穿透了硬石，坚持不懈而已。

也许，我们的人生旅途上沼泽遍布、荆棘丛生；也许，我们前行的步履总是沉重、蹒跚；那么，我们为什么不能以勇敢者的气魄，坚定而自信地对自己说一声“再试一次”！

再试一次，你就有可能达到成功的彼岸！

成功和劳动成正比

曾国藩是中国历史上最有影响的人物之一，然而他小时候的天赋却并不高。有一天，他在家读书，对一篇文章重复不知多少遍了，还在朗读，因为他还没有背下来。

这时候，他家里来了一个贼，潜伏在屋檐下，希望等读书人睡觉之后捞点好处。可是，贼等啊等啊，就是不见他睡觉，还在翻来覆去地读那篇文章。

贼人大怒，跳出来说："这种水平还读什么书?"然后将那篇文章背诵一遍，扬长而去!

贼人是很聪明，至少比曾先生要聪明，但是他只能成为贼。而曾先生却成为连毛泽东都钦佩的人："近代最有大夫本源的人。"

"勤能补拙是良训，一分辛苦一分才。"那贼的记忆力很好，听过几遍的文章都能背下来，而且很勇敢，见别人不睡觉居然可以跳出来"大怒"，教训曾先生之后，还要背书，扬长而去。

但是遗憾的是，他名不见经传，曾先生后来启用了一大批人才。按说这位贼人与曾先生有一面之交，大可去施展一二，可惜，他的天赋没有加上勤奋，变得不知所终。

孟德斯鸠说："'将来'只属于那些辛勤劳动的人。"高尔基也说："要使理想的宫殿变成现实的宫殿，必须通过埋头苦干、不声不响地劳动，一砖一瓦地去建造。"

没有人能只依靠天分成功。上帝给予了天分，勤奋将天分变为天才。伟大的成功和辛勤的劳动是成正比的，有一分劳动就有一分收获，日积月累，从少到多，奇迹就可以创造出来。

坚强地挺住

英国劳埃德保险公司曾从拍卖市场买下一艘船，这艘船1894年下水，在大西洋上曾138次遭遇冰山，116次触礁，13次起火，207次被风暴扭断桅杆，然而它却从没有沉没过。

劳埃德保险公司基于它不可思议的经历以及在保费方面带来的可观收益，最后决定把它从荷兰买回来捐给国家。现在这艘船就停泊在英国萨伦港的国家船舶博物馆里。

不过，使这艘船名扬天下的却是一名来此观光的律师。当时，他刚打输了一场官司，委托人也于不久前自杀了。尽管这不是他的第一次失败辩护，也不是他遇到的第一例自杀事件，然而，每当遇到这样的事情，他总有一种负罪感。他不知该怎样安慰这些在生意场上遭受了不幸的人。

当他在萨伦港船舶博物馆看到这艘船时，忽然有一种想法，为什么不让他们来参观参观这艘船呢？于是，他就把这艘船的历史抄下来，并和这艘船的照片一起挂在他的律师事务所里，每当商界的委托人请他辩护，无论输赢，他都建议他们去看看这艘船。

无论在哪个社会里生活，个人的社会需要不可能百分之百地得到满足，遭遇挫折是难免的。所谓“一帆风顺”、“万事如意”、“心想事成”等等只不过是人们的一种愿望而已。

在海上航行的船没有不带伤的。虽然屡遭挫折，却能够坚强地百折不挠地挺住，这就是成功的秘密。

鼓励孩子“当小丑”

同样是小学三年级的学生，在作文中说他们将来的志愿是当小丑。

中国的老师斥之为：“胸无大志，孺子不可教也！”

但外国的老师则会说：“愿你把欢笑带给全世界！”

成功能给孩子带来喜悦，如果家长利用孩子喜欢成功的心理，帮助他取得成绩，并给予鼓励，他就有了自信心，从而不断取得进步。

身为长辈的我们，不但容易要求多于鼓励，而且更狭窄地界定了成功的定义。什么时候我们也可以“志愿当小丑”？什么时候我们才可以鼓励孩子也“志愿当小丑”？

善于运用知识

雨后，一只蜘蛛艰难地向墙上已经支离破碎的网爬去，由于墙壁潮湿，它爬到一定的高度，就会掉下来，它一次次地向上爬，又一次次地掉下来……

第一个人看到了，他叹了一口气，自言自语：“我的一生不正如这只蜘蛛吗？忙忙碌碌而无所得。”于是，他日渐消沉。

第二个人看到了，他说：“这只蜘蛛真愚蠢，为什么不从旁边干燥的地方绕一下爬上去？我以后可不能像它那么愚蠢。”于是，他变得聪明起来。

第三个人看到了，他立刻被蜘蛛屡败屡战的精神感动了。于是，他变得坚强起来。

学习与事业，是磨刀与砍柴的关系，磨刀不误砍柴工！学习，不在于能记住多少，而在于能悟到多少。竞争有时是一个悟性的赛跑！拥有多少知识不重要，善于运用知识才重要！

有成功心态者处处都能发觉成功的力量，处处都能发现人与事的正面积极力量，从而时时充实自己，时时在学习中超越自己。

第四章　阐发丰富的人生哲理

把握好自己的幸福

一位富甲一方的企业家到一个贫困地区考察。当他目睹当地一户贫困人家吃饭的情形时禁不住落泪了。原来这户人家吃饭的碗竟是几只破得不能再破的陶罐，更让他吃惊的是全家连一双筷子也没有，都是直接用手抓的。

这位仁慈的企业家无比同情，决心要帮助这户人家。可是当他走出他们的家门后，又马上改变了主意，因为他看到这户人家的房前屋后都长着适合做筷子的竹子。

还有一个贫穷家庭的故事。一位女工的丈夫早年病逝，欠下了好多钱，留下两个孩子，其中一个还有残疾。女工薪水微薄却要养 3 个人，还要还债。但这位女工脸上的笑容就像她的房间一样明朗。漂亮的门帘是她自己用纸做的，尽管厨房的调味品只有油和盐，但油瓶和盐罐都擦得干干净净。她剪下旧鞋的鞋底，再用旧毛线织出带有美丽图案的鞋帮，穿着好看又暖和。

女工逢人就说，家里的冰箱洗衣机都是邻居淘汰下来送给她的，用着很好；孩子都很懂事，做完功课后还帮她干活……

不思进取的懒惰带来的必然是贫穷。节俭和穷则思变必将逐步走上幸福之路。是贫穷还是幸福，要靠自己去把握，一味的等待等来的只有贫穷。

人生旅程中的行李

大卫是纽约一家大报社的记者。那天，他又要赴外地采访，像往常一样，他收拾好行李，一共两件，然后他和妻子匆匆告别就奔向机场。

飞机起飞后不久，突然剧烈地震荡了一下，接着又是几下。为了安全起见，机长要求乘客把行李扔下去，以减轻飞机的重量。大卫把自己的大皮箱从行李架上取下来，扔到空中，又把随身带的皮包扔了出去。但是一种深深的恐惧向他袭来，大卫尽量使自己保持平静，他想起了自己的妻子，匆匆给妻子写下简短的遗书："亲爱的，如果我走了，请别太悲伤。我在一个月前刚买了一份意外保险，放在书架第一层那几本新书的夹层里。如果我出意外，找到那张保险单，我想它会帮助你的。原谅我，不能继续爱你，好好保重。爱你的大卫。"

那次机上的乘客只有三分之一得到生还，而大卫竟毫发无损，真是奇迹。当然他损失了两件行李，损失了一次采访好新闻的机会，不过他自己倒上了纽约各大报纸的头版。

其实，在人生旅程中不需要太多行李，只需要一样东西就够了，那就是爱！

沉溺幻想无所获

一个女孩在清晨拿着挤好的牛奶到街上去卖。

在这之前女孩已经去街上卖过很多次牛奶了，所以对于上街的路线、市场的地点，以及如何卖个好价钱都相当清楚。她和以往一样，把牛奶罐顶在头上，走在通往市街的路上。

天空晴朗，凉风轻柔地吹拂着面颊，女孩却对这一切无动于衷。她的心早就飞到了繁华热闹的大街上，满脑子想的都是卖完牛奶后的打算。那时候，她的手上会有一笔钱，往常她总会在卖完牛奶后到市场上买各种各样的小东西，这是女孩私下最大的乐趣。

一想到那些形状特别的水果、香甜可口的甜点，还有色彩鲜亮的布料，女孩就开心无比。她想象着在市场上闲逛的轻松自在，心里快活极了，这可是她那些居住在乡村里的伙伴们无法享受到的。

“对了，甜点铺的隔壁有卖漂亮的围巾。今天去那里瞧一瞧，或许会找到花色美妙的围巾。围上那条围巾到街上的广场走一走，别人肯定认为我是城市出身的女孩或者是好家庭出身的女孩。也许会有人跟我搭讪，那时候该怎么办？如果那个人长得不怎么样，我就只报以浅浅的微笑，直接拒绝。如果那个人很英俊，家世看来也不错，我要怎么办呢？如果那个人问我要不要参加今天晚上的舞会，还伸出手来邀请，我又怎么办呢？在那样的情况下，我即使想接受，也要先隔一点时间，然后才嫣然一笑，给予答复。我必须做出千金小姐的模样，稍微屈膝，点头致意才行……”

好像自己的面前就有一个绅士站在她的面前邀请她跳舞似的，女孩稍稍屈膝，伸出一只手，垂下眼睛休息。这下子糟了，头上的牛奶罐掉到地上摔破了。

人生和命运不是单靠空想就能想出来的，只沉溺于幻想的人，最终是会一无所获的。

自立自助者才能自救

车夫驾着一辆满载干草的车子走在乡间的路上，没想到却陷进了泥坑里。在乡下的田野上，会有谁来帮这个可怜人的忙呢？这完全是命运之神有意惹人发怒而安排的。

陷入泥坑里的车夫肝火正旺，骂不绝口。他骂泥坑，骂马，又骂车子和自己。无奈之中，他只得向举世无双的大力神求救。

“赫拉克勒斯，”车夫恳求道，“请你帮帮忙，你的背能扛起天，把我的车从泥坑中推出来对你来说应该是举手之劳。”

刚祈祷完，车夫就听到神从云端发话了：“神要人们自己先动脑筋、想办法，然后才会给予帮助。你先看看，你的车困在泥坑里究竟是什么原因？为什么会陷入泥坑？拿起锄头铲除车轮周围的泥浆和烂泥，把碍事的石子都砸碎，把车辙填平，你不自己尝试一下怎么行呢？”

过了一会儿，神问车夫："你干完了吗？"

"是的，干完了。"车夫说。

"那很好，我来帮助你。"大力神说，"拿起你的鞭子。"

"我拿起来了……咿，这是怎么回事？我的车走得很轻松！大力神赫拉克勒斯，你真行！"

这时神发话说："你瞧，你的马车很便当地就离开了泥坑！遇到困难，要先自己动脑筋想办法解决，老天才会助你一把的。"

自立自助者才能自救，遇到困难的时候不要首先想到寻求别人的帮助，自己可以办到的事情，先自己动脑筋想一想，动动脑子，问题或许很快就迎刃而解了。

懒惰难逃厄运

一天，一只路边的青蛙悠闲地在草丛中养神，突然听到有人叫："老弟，老弟。"它懒洋洋地睁开眼睛，发现是田里的青蛙。

"你这里太危险了，搬来跟我住吧！"田里的青蛙关切地说，"到田里来，每天都有可以吃的昆虫，不但为庄稼除害，而且也不会有什么危险。"

路边的青蛙不耐烦地说："我已经习惯了，干吗要费神搬到田里去？我懒得搬！况且，路边一样也有昆虫吃。"

田里的青蛙无可奈何地走了。几天后，它又去探望路边的青蛙，却发现路边的青蛙已被车子轧死了，暴尸在马路上。

很多灾难正是因为懒惰习惯造成的，举手之劳却不愿为之，那就注定要为此付出沉重的代价。命运靠自己去掌握，选择勤劳就可以得到幸福，一味懒惰永远难逃厄运。

找准自己的位置

有头驴费尽心机，终于爬上了屋顶。在人们的围观中，它得意地手舞足蹈，跳起舞来，结果把屋顶的瓦片全踩碎了。

主人从地里干活回来，发现了驴子在屋顶上的闹剧后，他立刻爬上屋顶，把驴子赶了下来，并用一根粗棍子狠狠地打了它一顿。

“为什么打我？昨天我发现猴子也是这样跳的。你却非常高兴，好像这样给了你许多欢乐似的。”驴子委屈地说。

“蠢货，爬到屋顶上去跳舞，你以为你是猴子吗？别忘了，你是一头驴。”农夫对驴子又是一顿棒打。

有时为了显示自己，不想却落得个被人赶下台的下场，为什么呢？没有找准自己的位置。为人处世，千万不要盲目的显示自己，否则，就不要怪自己命不好。

知人知面更要知心

有一个人想得到人类最美好的物质和精神财富，于是他四处寻求。

路上，他碰见一个背着袋子的人。他上前说：“把你袋子里的鱼给我一条吧，我看见它们还在袋子里扭动呢。”

于是，那人停下来，伸手从袋中抓出一条给了他。不过那不是鱼，而是蛇。

他继续向前走，看见一个提篮子的少妇。他上前说：“把你篮子里的人参给我一支吧，据说那是药中珍品呢。”

于是，少妇停下来，伸手从篮中拿出一支给了他。不过那不是人参，而是罂粟。

他继续朝前走，看见一个富有的人，他上前说：“把你的慷慨给我一点吧，让我做一个乐善好施的人。”

于是，富人解开衣襟，从怀中掏出一把东西递给了他。不过那不是慷慨，而是吝啬。

“人们这是怎么了？为什么把我要的东西都给错了？”他问一位看起来非常和善的老人。

老人说：“他们并没有给错，而是你找错了人。”

从某种意义上说，跟对人，比做什么工作都重要。与人合作是非常必要的。但是不要找错了对象。知人知面更要知心，这样，不但能了解别人，也会把握住自己的航向。

真实地作为才有说服力

卡尔是城里最知名的预言专家，大家都听过他的大名。

有一次，他受到某座城市的邀请，于是彻夜骑马赶路过去。

那天深夜特别漆黑，他马不停蹄地赶路，突然间马儿不知撞到什么，发出一声嘶喊，一瞬间他飞了去，跌落在一片草堆上。

经过了许久，他才模模糊糊地醒过来。

他慌张地喊着：“这到底是哪里，怎么这么暗？我的马呢？”

他慢慢冷静下来，发现自己被困在猎人设下的陷阱里，这是个大约有十米深的坑洞，铺着厚实的草堆。

不管他用什么方法，就是爬不出这个坑洞。

他大声呼喊求救，希望附近有人会注意到他。

不久猎人跑来了，以为抓到了猎物，没想到是有人掉进陷阱里了。

猎人放下了绳索，解救起受困于陷阱中的他。

他起身后，拍拍身上的灰尘，很正经地说：“你知道我是谁吗？我是城里最有名的预言家卡尔，一般人要见我必须要预约排队，不过我可以给你特权，以后你遇到任何困难时，我可以免费帮你预言未来。”

猎人不禁笑出声来：“你连自己今天晚上会被困在陷阱里都没办法预言，还想替我预言未来？”

真实的作为是非常重要的，要别人信赖你，实际的作为才能有绝对的说服力。预言虽然是一种暗示，不过一切的决定还是掌控在自己的手中。

无所适从

一对夫妻想到远方做买卖，于是在骆驼身上放了几包商品便动身前往。

走到陌生的城镇，一位马夫看着夫妻两人，笑着说：“真是好笑，看你们两人走得满身大汗，坐在骆驼身上不是轻松许多吗？”

夫妻俩想想也对，于是一起坐在骆驼身上，果然轻松许多。

接着，在路上又遇到了一位动物保护者，那个人看着他们大喊："两个这么胖的人坐在骆驼身上，真是没良心，我要控告你们虐待动物！"

于是老公就跳下骆驼让老婆坐在骆驼身上，继续他们的旅程。

不久，路上又遇到一群人，那是大男人俱乐部的成员，他们当街嚷道："你这个不知羞耻的女人，竟然让男人辛苦地走路，自己却舒服地坐在骆驼上，还不赶快下来！"

老婆担心那群人会找麻烦，于是赶紧下来让老公坐在骆驼身上。

后来他们又遇见了一位哭泣的女人，她哭喊着："就是因为有这些喜欢虐待女人的男人，我们女人才会这么命苦！"

老公听了之后，只好从骆驼身上下来。夫妻无奈地对望，不知道到底该怎么做才能让所有的人满意。

任何事情都不可能做到十全十美，无论你做得多么完善，仍然无法达到每个人的要求。其实，你只要为自己负责就好了，不必因别人无理的要求牵制自我。

换个方法思考

一个痴情的女孩非常喜欢一个男孩。

她很想知道男孩到底喜不喜欢她，又不好意思开口问。她每天都在做白日梦，幻想与男孩约会，只要这样她就觉得很满足了。

不过她常常拿着一朵五片花瓣的花，然后一片片撕去花瓣。她撕第一片时习惯这么说："他不想我。"撕了第二片，又接着说："他想我。"

等她撕到第五片的时候，她说的是："他不想我。"

她会因此而陷入深深的忧伤之中，心想自己对这个男孩如此痴心，为什么他从来都不想她？

后来，我对她说："当你撕第一片花瓣时要说：'他想我。这样他就会每天想你了。"

后来她果然因此开朗起来，因为她撕最后一片花瓣时都是："他想我。"

同样一件事情，换个角度、换个方法去思考，可能就会出现决定性的转变。命运也是一样，在遇到重大抉择的时候，不妨也灵动一下，给命运做出一个决定性的转变。

拥有一颗全力以赴的决心

有一个虔诚的信徒，在湖边的木屋中禁食祈祷，外面几只呱呱大叫的牛蛙吵得很凶。他想办法充耳不闻，无奈都不得要领，只好推开窗户，大吼一声："闭嘴！没看到我正在祈祷吗？"

说也奇怪，他吼了一声后，牛蛙立刻就不叫了。然而，另一个意念却自心底浮起："说不定，牛蛙的叫声跟我吟唱祷告的声音一样，也能讨上帝的喜悦。"

他决定顺服这个意念，探头伸出窗外，喝道："大伙继续唱啊！"牛蛙整齐的合唱立时弥漫四周。他再侧耳细听，竟然不嫌吵了。他发现，一旦不再存心抗拒，牛蛙的叫声还真能使寂静的夜晚增色不少。

不是只有在顺境中才能成事，而是要有一颗全力以赴的决心。惟有自己才能为自己带来想要的东西。

自己是自己的帮手

有一个人去看医生，他对医生说："我常睡不着，心中充满了各式各样的忧虑和烦恼。"

医生经过详细检查后，发现这人并没有任何问题，只不过是情绪低落而已。因此，医生建议他需要多休息，并可以去看看马戏团表演。

医生说："城里刚来的马戏团表演很精彩，特别是那个小丑非常出色，他一定能使你发笑，让你忘掉烦恼。"

病人无奈地说："没有用的，他帮不了我。因为我正是那个小丑。"

惟有穿鞋的人才知道鞋的哪一处挤脚。没有人能真正了解我们的心，惟有多多地自我观照才有可能对自己有更多的认识，也才真正明白，只有自己才是自己最好的帮手。

运气眷顾有头脑的人

两只鹰饥肠辘辘。他们在空中久久地盘旋着，想找到一只兔子或一只山鸡。但是，他们什么也没有找到，连一只老鼠的影子都没有。

一只山鹰忍耐不住了，落到山岩上，缩着脖子打瞌睡。另一只山鹰则继续盘旋着，一圈又一圈，终于，他发现了隐藏在草丛中的一只肥肥的兔子。

当他叼着战利品落到伙伴身边时，伙伴羡慕地说：

“你的运气真好！”

捉到兔子的山鹰若有所思地说：“也许是吧，不过我发现，运气好像比较喜欢不辞辛劳、有耐心的人。”

捉到兔子的山鹰不辞辛劳、有耐心，才发现隐藏的兔子。可见，运气其实不完全是偶然的。运气还是会眷顾那些有准备的头脑。

天才靠自己的努力

1960 年，哈佛大学的罗森塔尔博士曾在加州一所学校做过一个著名的实验。

新学期开始时，罗森塔尔博士让校长把三位教师叫进办公室，对他们说：“根据你们过去的教学表现，你们是本校最优秀的老师。因此，我们特意挑选了 100 名全校最聪明的学生组成三个班让你们执教。这些学生的智商比其他孩子都高，希望你们能比他们取得更好的成绩。”

三位老师都高兴地表示一定尽力。

校长又叮嘱他们，对待这些孩子，要像平常一样，不要让孩子或孩子的家长知道他们是被特意挑选出来的，老师们都答应了。

一年之后，这三个班的学生成绩果然排在整个学区的前列。

这时，校长告诉了老师真相：这些学生并不是刻意选出的最优秀的学生，只不过是随机抽调的最普通的学生。

老师们没想到会是这样，都认为自己的教学水平确实高。

这时校长又告诉了他们另一个真相，那就是，他们也不是被特意挑选出的全校最优秀的教师，也不过是随机抽调的普通老师罢了。

世上本没有什么天才，所谓的天才也就是靠自己的努力，发掘出自身内在的潜力从而改变自己的命运，那些非天才们只不过是让自身的潜力继续隐藏罢了。

改变困境用智慧

一只小老鼠总是愁眉苦脸，因为它非常害怕猫。天神非常同情它的遭遇，便施法把它变成一只猫。

老鼠变的猫又非常害怕狗，天神就把它变成狗，但它又开始害怕老虎，天神就让它做老虎，但它又整天担心害怕会遇上猎人。

最后，天神只好把它又变回老鼠，并且说："不论我怎么做都帮不了你，因为你拥有的只是老鼠胆。"

人常希望改变一些不顺畅的环境，其实需要改变的常常不是外在的环境及条件，而是我们内在的生命。让我们用智慧与勇气，坚定地面对眼前的挑战。

选择决定生活

有三个人要被关进监狱三年，监狱长给他们三个人每人一个要求。

美国人爱抽雪茄，要了三箱雪茄。

法国人最浪漫，要一个美丽的女子相伴。

而犹太人说，他要一部与外界沟通的电话。

三年过后，第一个冲出来的是美国人，嘴里鼻孔里塞满了雪茄，大喊道：“给我火，给我火！”原来他忘了要火了。

接着出来的是法国人。只见他手里抱着一个小孩子，美丽女子手里牵着一个小孩子，肚子里还怀着第三个。

最后出来的是犹太人，他紧紧握住监狱长的手说：“这三年来我每天与外界联系，我的生意不但没有停顿，反而增长了200%，为了表示感谢，我送你一辆劳施莱斯！”

什么样的选择决定什么样的生活。今天的生活是由三年前的选择决定的，而今天的抉择将决定三年后的生活。我们要选择接触最新的信息，了解最新的趋势，从而更好的创造自己的将来。

命运在自己手中

一个旅人经过长途旅行后，由于太过疲乏，躺在一座井旁就呼呼大睡。

然而他的位置十分危险，只要一转身就会掉进极深的井里。这时，命运之神来到他身边，叫醒他说：“喂！醒醒啊！你如果掉进井里，一定不会说是自己不小心，而会把所有的罪过都推给我。”

命运不会使我们幸福或不幸，它只是提供材料和种子而已，不好好把握自己的命运，遇到不幸的时候就责备命运，殊不知命运是在自己手中掌握着的。

放弃优势不明智

狮子爱上了农夫的女儿，请求农夫把女儿嫁给它。农夫既不忍心把女儿许配给野兽，又不敢拒绝，就想出一个办法。

当狮子来催促的时候，农夫对它说：“我愿意把女儿嫁给你，可是我的女儿害怕你的尖牙利爪，如果你剪掉，我女儿立刻与你成婚。”狮子马上回去剪掉了它的尖牙和利爪。但是如此一来，农夫就不害怕了，当狮子再来的时候，农夫就用棍棒把它赶走了。

轻易地放弃自己的优势是一种不明智的举动。优势一旦失去再想要回，为时已晚。自己该把握住的东西一定要把握好，这可是关系到命运的东西。

辛勤劳动才能丰衣足食

认为自己是一个天生的歌唱家的蝉，整个夏天都在歌唱中度过。时间在不知不觉中向前推移，慢慢地进入北风呼啸的冬天。蝉猛一回神，发现曾经拥有的阳光、花朵还有树阴都没有了，最可怕的是连一丁点食物都找不到。它非常饥饿，于是就到了蚂蚁家。

蚂蚁正忙着把潮湿的谷子晒干，蝉流着泪水说："小蚂蚁，求求你，给我点食物吧！"

蚂蚁便问它："你夏天干什么去了？为什么不积存一点吃的呢？"

蝉回答说："那时我一点时间都没有，每天要忙着唱美妙动听的歌。"

蚂蚁便嘲笑它说："哦，是吗？既然你夏季要唱歌，那么冬天不妨去跳舞吧。"

要不失时机地工作、劳动，才能丰衣足食；如果一味玩乐，只能挨饿。千万不要等到饿得受不了的时候才知道后悔。命运的好与坏，都要看曾经的所作所为。

把危害看在眼底

农夫被恶劣的天气困在屋里无法外出，家中的粮食也都吃完了，只好杀了绵羊充饥。但天气并没有好转，于是又杀了山羊果腹，最后连牛都杀了。农夫养的几只狗看见这种情形，忍不住私下商议道："我们该逃走了，你看主人连替他耕田的牛都不放过，再接下去就轮到我们了。"

即使是不会伤害到自身的事，你也要看在眼底，早做准备。如果你看到别人受到伤害，自己也要小心谨慎，如果一味地庆幸自己没有遭到不幸，那大祸临头也就不远了。

坚持要选择正确的方向

驴夫赶着驴子上路，刚走一会儿，就离开了平坦的大道，沿着陡峭的山路走去。当驴子失足将要滑下悬崖时，驴夫一把抓住它的尾巴，想要把它拉上来。可驴子却一直朝着相反的方向拼命挣扎。

当用尽力量后，驴夫便放开了它，说道："好了，让你得胜吧！但那是个悲惨的胜利。"

不是所有的坚持都是正确的。执著于这种坚持，即使胜利了，那也一定是悲惨的。错误所付出的代价，往往更悲惨。坚持，就一定要选择好正确的方向。

放弃过去向前看

蝙蝠、荆棘和海鸥一起出门做生意。蝙蝠借了一笔钱，荆棘采购了一批衣物，海鸥买了一些铜。

一行人就这样扬帆出海，不料中途遇上了暴风雨，船只遭海浪吞没，船上的货物也全部沉到海里去了。它们三个捡回了一条命，不过，海鸥开始在海岸东张西望，希望丢掉的铜能够被海浪冲上岸来。蝙蝠害怕债主找上门，所以就躲了起来。荆棘怀疑路人身上穿的衣物是自己的货，于是就拼命地用刺去勾路人的衣服。

执著是好的，但绝不是过去，否则，只能让人举步不前。执著，是用来面对今天与明天的，不断努力，毫不放松自己，紧紧抓住命运的缰绳。

不同的眼光

从前，有一个神射手。他到山里去寻找猎物，森林里的野兽见他来了，全都逃得无影无踪，只有高傲的狮子向他挑战。神射手朝狮子射出一箭，说："这仅是给你一个消息，你可以从中知道我本人来攻打你的情形。"狮子被射中受了伤，吓得惊慌逃窜。

狐狸劝狮子要勇敢些，不要轻易示弱。狮子回答说："他的一枝箭都这么厉害，我还怎么能经受得住他本人的打击呢?"

有眼光的人，必能够在没有足够的资料的情况下做出合理的判断；而缺乏眼光的人，一点小小的征兆就束缚了前进的脚步，这两种人最终的命运也就不一样了。

忙来忙去一场空

有一只狐狸想溜进一座葡萄园中大啖一顿，但是栅栏的空隙太小，它过不去，在狠狠的节食了三天之后，它总算可以潜进园子里去了。

但是当它痛痛快快地吃完之后，却又钻不出来，只好又在里面饿了三天，才又出来。

这只狐狸感慨地说："忙来忙去，还是一场空。"

找一个安静的地方，让自己的心静一静，好好思考一下生命的方向，不要忙来忙去只是一场空，这是一个维持心灵健康的好方法。

环境影响人的思想

有一次和朋友去海洋馆。

有个旅客，问海洋管理员说："这只鲨鱼会长多大?"

海洋管理员指着水族箱说："要看你的水族箱有多大。"

旅客又问："会跟水族箱一样大吗?"

管理员仔细地说："如果在水族箱，鲨鱼只能局限几公尺的大小，如果是在海洋，就会大到一口吞下一只狮子。"

环境可以改变一个人的思想。环境能限制人的思想，人也可以限制自己的思想。不要给自己加框，无法改变环境时，就从改变自己开始。

走出人生阶段的阴影

祖父用纸给孙子做了一条长龙。长龙腹腔的空隙仅仅只能容纳几只蝗虫，投放进去，它们都在里面死了，无一幸免！祖父说："蝗虫性子太躁，除了挣扎，它们没想过用嘴巴去咬破长龙，也不知道一直向前可以从另一端爬出来。因而，尽管它有铁钳般的嘴壳和锯齿一般的大腿，也无济于事。

可当祖父把几只同样大小的青虫从龙头放进去，然后关上龙头，奇迹出现了：仅仅几分钟，小青虫们就从龙尾爬了出来。

命运一直藏匿在我们的思想里。人之所以走不出人生不同阶段的阴影，是因为他们没有想过要将阴影纸龙咬破，也没有耐心找准一个方向，一步步向前，直到眼前出现新的洞天。

命运的转折点

狐狸在跨越篱笆时脚下一滑，幸而抓住一株蔷薇才没有摔倒。可是脚却被蔷薇的刺扎伤了，流了很多血。受伤的狐狸埋怨说："你太不应该了，我是向你求救，你怎么还伤害我呢?"蔷薇回答说："狐狸啊！你错了，我本来就带刺，是你自己不小心被我刺到了啊!"

在遭遇不幸时，若只知道向人求救而不知道自己想办法，很可能会被落井下石。特别是在非常不幸的时候，更需要自己抉择，命运往往在这种地方出现转折点。

改变自己

有一个大师，一直潜心苦练，几十年练就了一身"移山大法"。

有人虔诚地请教："大师用何种神力，才得以移山？我如何才能练出如此神功呢?"大师笑道："练此神功也很简单，只要掌握一点：山不过来，我就过去。"

现实世界中有太多的事情就像"大山"一样，是你无法改变的，或者至少是暂时无法改变的。

如果事情无法改变，你就改变自己。只有改变自己，才会最终改变别人；只有改变自己，才可以最终改变属于自己的世界。山，如果不过来，那你就自己过去吧!

主动出击

动物王国里新建立了剧场，各个岗位都有了合适的人员，惟独缺少一名售票员，狗熊毛遂自荐做这份工作。大家都讥笑它，但是因为没有合适的人选，所以狗熊很快就有了工作。

后来，狗熊的工作并没有它最初说的那样出色，但它毛遂自荐的精神却受到了狮子经理的肯定。

现代的社会竞争太激烈了，如果不主动出击，让别人知道你的存在和能力，那么就有可能坐以待毙！如果你能体会到它的奥妙，认真去实践，它必会带来意想不到的好处。

靠自己去改变

有位雅典的富商与别人一起去航海。一天，海面上风暴骤起，狂风巨浪把船打翻了。这时，别人都在使劲游泳逃命，唯有雅典人不停地祷告雅典娜女神，许愿如果能得救，一定献上很多祭品。有一个共同遇难的人游到他身旁，对他说道："雅典娜保佑你，你也得动动你的手吧！"

假使上天眷顾，人也还需自己努力。上天很抠门，帮人只帮一点点，事情的大部分还得靠人自己去实现。

牢牢抓住机会

一个流浪汉走在回乡的路上，现在的他已身无分文。当他看见夕阳的余晖，金光闪闪的在山后隐现时，他跪下来祈求上苍："伟大的天神啊！请您赐给我财富吧！”他虔诚地向诸神膜拜、祈求。

神听到了他的祈求，于是在他经过的森林里，放了一只很大的金狮子，准备送他。流浪汉疲惫地走进森林，当他看见金狮子时，简直不敢相信。

“我该怎么办？我快要昏过去了！这是一只金狮子吗？它会不会咬人？我要不要拿呢？”流浪汉的心里十分矛盾，胆怯和贪婪相互交战着。

最后他自言自语地说：“我真想要金子，可是又怕狮子会咬我！遇见这么幸运的事，我却不敢接受……我看我还是回去找朋友来帮忙搬吧！免得那金狮子真的跳起来咬人……”于是他匆匆地走向村子里去了。

可是，就在他走后不久，一个樵夫路过，看见了金狮子，就把它搬回家了。

遇事裹足不前，又不把握机会的人，好运是不会为你驻足的。面对生命的运程，何时该放手一搏，何时该静观其变，真是困难的选择。碰到好机会时，一定要牢牢抓住。

一念之间的善与恶

一日佛祖闲坐于花园的井边向下望去，看到无数生前作恶多端的人正因自己的邪恶而饱受地狱之火的煎熬。

此时，一个江洋大盗透过地狱之火看到了慈悲的佛祖，立刻向佛祖高声呼救。佛祖以他睿智的目光看到此盗生前虽然杀人越货，无恶不作，但是，有一次走路正要踩到一只小蜘蛛时，却突生恻隐之心，移开脚步使其得以存活，成了一生中罕见的善业。

佛祖决定用那小蜘蛛的力量来救他脱离苦海。一根蜘蛛丝从井口垂了下去，那大盗发现了，并立刻抓住游丝向上爬去。不想其他备受煎熬的恶人们看到了也蜂拥上来抓住了游丝，任凭大盗恶声大骂，他们仍然拼命地向上爬。大盗怕游丝不堪重负，毁了自己脱离苦海的惟一希望，便抽刀将身下的游丝砍断，结果，本来攀很多人都安然无恙的蜘蛛丝却突然崩断，大盗也因抛弃了心中最后的一点怜悯，而重新跌入万劫不复的地狱。

勿以恶小而为之，勿以善小而不为。很小的善，可以拯救众多的生命；很小的恶可以毁了一个人最大的希望。善与恶，好与坏，往往就在一念之间。

天上不会掉奶酪

两只小老鼠和两个小矮人，在一个形同迷宫一样的地方生活，他们脚穿跑鞋，每天勤勤恳恳地四出活动，去寻找赖以生存的粮食奶酪。

有一天，小老鼠和小矮人同时发现了一大堆奶酪，他们欣喜若狂。

随后的日子里，小老鼠为保存并锻炼自己的谋生技能，仍然一如既往地脚穿跑鞋，每天从窝里辛辛苦苦地跑出去搬奶酪，并格外地留意外界环境的变化与奶酪数量的减少。一发现奶酪快被吃光时，便及时地又开始寻找新的食源与机会。小矮人却不同，他们发现奶酪之后，便把家搬到了奶酪堆旁，扔掉跑鞋，舒舒服服地过开了省心的日子，直到有一天他们发现奶酪没有了，先是发愣，继而大怒："是谁动了我们的奶酪?"

如果你在发现人生的奶酪之后，便扔掉跑鞋，试图过省心的日子，很快你就会发现，你的奶酪没有了！天上不会往下掉奶酪，想要更多，就不能停止寻找的脚步！

弱者的一片天

一只落难的野鹿不安地四处张望着。老虎发现了这只野鹿，这只老虎已经饿一天了，它借着草丛的掩护，潜行到野鹿后面。野鹿还没有发现，老虎突然像子弹般射出去，冲向那只野鹿，野鹿这时才知危险已经到来，本能地闪躲老虎的攻击。

老虎第一回合扑了个空，转身再度扑来，野鹿拔腿狂奔，闪进一处灌木丛里。在灌木丛里追逐不是老虎所长，它在外面搜寻了一会儿，低吼几声，蹒跚地回到原来的土丘上。

弱者也有一片天！在这个世界上，没有绝对的强者和弱者。悲剧都是不了解自己及别人的强弱在哪里，而且不知道如何趋避所造成的。

善于利用资源

一个老印第安人一夜之间暴富，立刻买了一辆豪华的卡迪拉克轿车。他每天都会开车去附近那又热又脏又小的俄克拉荷马的小镇。他希望看见每一个人，也希望别人都看见他。他待人和善，总是“开着”车左弯右绕地穿过小镇，去和每一个人说话。

但这绝无损于他的身体和财富。原因很简单，这辆大而美丽的轿车是由两匹马拉着的。汽车引擎没一点毛病，只是老印第安人不知插进钥匙去发动它。

车内有上百匹马力等着发动，但这个老印第安人却在外面用两匹马拉着它。

每个人身上，都有着不被发觉的潜能，善加利用自身的资源，就会享受无限的惬意和愉快。许多人总是带着别人演奏过的乐章走进坟墓，那些乐章往往是最美妙的旋律。

天生我才必有用

床罩的历史可以追溯到14世纪的法国。据记载，这个伟大的发明者是一个普通的法国高卢妇女，她是一个红脸颊、满脸雀斑和害羞的姑娘，名叫迪迪，在与同村的马夫路易幽会了3个月后正式举行了婚礼。不幸的是，一直到了新婚后的第一个早晨，年轻的妻子才发现马夫有遗尿的毛病——他把婚床和被褥变成了尿布。这时，祝贺婚礼的客人们已陆续临近，在门外，他们大声笑闹，捶打木门，更换被褥已经没有时间了。聪明的妻子望着神情沮丧的丈夫，忽然灵机一动，从衣橱里取出一张床单，迅速铺在潮湿臊臭的被褥上，然后开门迎客。客人们按经常的惯例为新郎新娘祝福，并参观他们的新居。突然，客人中的一个指着床单惊奇地叫道：“多奇怪的布罩呀，这洁白的‘床罩’一定是巴黎上流社会的最新玩意儿吧？”新娘微微一笑，不置可否。客人们发出啧啧的赞叹："哦，这多么时髦，多么漂亮！"

于是，在他们离开后，一种崭新的铺床法就迅速地在法国各地传播开来。3年后，法国宫廷正式采用了这种方法，按那个客人所说的那样，命名为"床罩"，并把它载入了"宫廷起居事典"。几个世纪后，随着法国军队和文化的隆隆步伐，床罩征服了世界。

并非每项发明都是由天才来完成的。相信那句话吧：天生我才必有用。每个人都是天才，都有别人不具有的潜力，那就要看个人如何去发掘了。

该收手时就收手

从前，有一群水牛，其中一头雄壮而温和的公牛被尊为水牛王。有一天，水牛王带领牛群外出觅食，遇见了一只顽劣的猴子向牛群挑衅，甚至向水牛王抛掷沙石泥土。水牛王见状并不发怒，反而以十分怜悯的态度对待这只顽猴。还制止牛群中被激怒的牛采取报复行动。树神看到这一切，不解地问水牛王："你为什么这样怯懦？"水牛王说了一段偈语算是作了回答："彼轻辱毁我，又当加施人；彼人当加报，尔乃得牲患。"

过了一会，有一伙婆罗门经过这里，那只猴子又故伎重演，打了这伙婆罗门。结果，被人们抓住，痛打致死。

"该出手时就出手"人人都会，但是否能做到"该收手时就收手"呢？什么时候可以出手，如何出手，固然重要，但是什么时候应该收手，关系尤为重大。

世间最珍贵的是把握现在

从前，有一座圆音寺，每天都有许多人上香拜佛，香火很旺。在圆音寺庙前的横梁上有一个蜘蛛结了张网，由于每天都受到香火和虔诚祭拜的熏托，蜘蛛便有了佛性。经过一千多年的修炼，蜘蛛佛性增加了不少。

忽然有一天，佛祖光临圆音寺，看见这里香火甚旺，十分高兴。离开寺庙的时候，不经意间抬头，看见了横梁上的蜘蛛。

佛祖停下来，问这只蜘蛛："你我相见总算是有缘，我来问你个问题，看你修炼这一千多年来，有什么真知灼见。怎么样？"

蜘蛛很高兴遇见佛祖，连忙答应了。

佛祖问道："世间什么才是最珍贵的？"

蜘蛛想了想，回答道："世间最珍贵的是'得不到'和'已失去'。"

佛祖点了点头，离开了。

就这样，又过了一千年的光景，蜘蛛依旧在圆音寺的横梁上修炼，它的佛性大增。

一日，佛祖又来到寺前，对蜘蛛说道："你可还好，一千年前的那个问题，你可有什么更深的认识吗？"

蜘蛛说："我觉得世间最珍贵的是'得不到'和'已失去'。"

佛祖说："你再好好想想，我会再来找你的。"

又过了一千年。有一天，刮起了大风，风将一滴甘露吹到了蜘蛛网上。蜘蛛望着甘露，见它晶莹剔透，很漂亮，顿生喜爱之意。蜘蛛每天看着甘露，很开心，它觉得这是三千年来最开心的几天。

突然，又刮起了一阵大风，将甘露吹走了。蜘蛛一下子觉得失去了什么，感到很寂寞和难过。

这时，佛祖又来了，问蜘蛛："这一千年，你可好好想过这个问题：世间什么才是最珍贵的？"

蜘蛛想到了甘露，对佛祖说："世间最珍贵的是'得不到'和'已失去'。"

佛祖说："好，既然你有这样的认识，我让你到人间走一遭吧。"

就这样，蜘蛛投胎到了一户官宦人家，成了一个富家小姐，父母为她取名叫蛛儿。一晃，蛛儿到了16岁，已经成了婀娜多姿的少女，长得十分漂亮，楚楚动人。

这一日，新科状元郎甘鹿中士，皇帝决定在后花园为他举行庆功宴席。来了许多妙龄少女，包括蛛儿，还有皇帝的小公主长风公主。

状元郎在席间表演诗词歌赋，大献才艺，在场的少女无一不被他折倒。但蛛儿一点也不紧张和吃醋，因为她知道，这是佛祖赐予她的姻缘。

过了些日子，说来很巧，蛛儿陪同母亲上香拜佛的时候，正好甘鹿也陪同母亲而来。上完香、拜过佛，两位长者在一边说上了话。蛛儿和甘鹿便来到走廊上聊天，蛛儿很开心，终于可以和喜欢的人在一起了，但是甘鹿并没有表现出对她的喜爱。

蛛儿对甘鹿说："你难道不曾记得16年前，圆音寺蜘蛛网上的事情了吗?"

甘鹿很诧异地说："蛛儿姑娘，你漂亮，也很讨人喜欢，但你的想象力未免太丰富了吧。"说罢，和母亲离开了。

蛛儿回到家。心想："佛祖既然安排了这场姻缘，为何不让他记得那件事，甘鹿为何对我没有一点儿感觉?"

几天后，皇帝下诏，命新科状元甘鹿和长风公主完婚；蛛儿和太子芝草完婚。这一消息对蛛儿如同晴空霹雳，她怎么也想不到，佛祖竟然这样对她。几日来，她不吃不喝，穷究急思，灵魂就将出窍，生命危在旦夕。

太子芝草知道了，急忙赶来，扑倒在床边，对奄奄一息的蛛儿说道："那日，在后花园众姑娘中，我对你一见钟情，我苦求父皇，他才答应。如果你死了，那么我也就不活了。"说着就拿起了宝剑准备自刎。

就在这时，佛祖来了，他对快要出窍的蛛儿的灵魂说："蜘蛛，你可曾想过，甘露（甘鹿）是由谁带到你这里来的呢?是风（长风公主）带来的，最后也是风将它带走的。甘鹿是属于长风公主的，他对你不过是生命中的一段插曲。而太子芝草是当年圆音寺门前的一棵小草，他看了你三千年，爱慕了你三千年，但你却从没有低下头看过它。蜘蛛，我再来问你，世间什么才是最珍贵的?"

蜘蛛听了这些真相之后，好像一下子大彻大悟了，她对佛祖说："世间最珍贵的不是'得不到'和'已失去'，而是现在能把握的幸福。"

刚说完，佛祖就离开了，蛛儿的灵魂也回位了，她睁开眼睛，看到正要自刎的太子芝草，她马上打落宝剑，和太子深深地抱着……

你能领会蛛儿最后一刻所说的话吗?"世间最珍贵的不是'得不到'和'已失去'，而是现在能把握的幸福。"这不是一个神话故事，而是为了使你领悟一个道理。

我们这些生者，就是带着感恩的心，好好活着，珍惜自己拥有的，让我们爱着的人及早感受到我们的爱。因为，活着的我们，还有一份"现在"与一份"未来"。这些"现在"与"未来"，在某种意义上，正是那些逝者托付给我们的。

我们的爱没有坠崖

那是一个晴朗的夏日，美国加州攀岩俱乐部的罗夫曼和妻子莫莉亚丝同时攀岩。罗夫曼的攀岩速度比妻子快一些，他很快就成了供莫莉亚丝仰视的风景。没有任何防护，他们是岩壁上会呼吸的岩石。顶峰越来越近了，参观的人群情不自禁地雀跃欢呼起来。

然而就在这时，位于莫莉亚丝右上约五米处的罗夫曼突然一声惨叫，他失足了！正在攀岩的莫莉亚丝蓦然瞥见险象，毅然脱离了崖壁，伸出双手准确地搂接住了迅速下坠的罗夫曼。两个人紧紧依偎着，共同坠入万丈深谷。

这瞬间发生的惨剧惊呆了在场的每一个人。

莫莉亚丝那个漂亮的搂接动作被摄像师定格成了旷世经典。

“亲爱的，别做傻事！”我们似乎听见罗夫曼在说。

“不要，不要推开我！”这是莫莉亚丝的坚定的声音：“让我再陪你走一程，让云擦着我们的眉睫，让风掠过我们的耳际。从巅峰到谷底，我们的后半生多么的匆忙啊！如果一切还来得及，我真愿和你再重复一遍我们携手共度的好时光。我们厮守着，啜饮千般次爱，沐浴万种柔情……可是现在，我们却在坠落，坠落。噢，让我们抱得更紧一些吧，因为，我们生命的花就要在洁净的谷底灿然绽放。亲爱的，我知道我根本无力救你，我只是想救起那个字——爱。”

读懂女人，也就明白了世界。俗话说，“女人心，海底针”，“女人的心，秋天的云”。女人的心变化多，让人捉摸不透。女人的心态千姿百态，错综复杂。其实，世间并没有一把解开女性之谜的万能钥匙。

无论是美丽的、不太美丽的、还是很不美丽的，好女人的爱总是很特别，她们说：“我爱，不管你坏不坏！”固执得让男人一辈子都想不明白。真心地读懂一个女人，如同读懂一本书，一本好书。

只想让你看见我

这是一个令人嗟叹的故事：

沙特阿拉伯首都利雅得的一个男人，因患眼疾双目失明。坠入无边黑暗的他万念俱灰，痛不欲生。

他温良的妻子在悲恸啼泣之余，作出了一个让世人无比惊骇的决定——为深爱的丈夫捐出一只眼睛。这个伟大的计划顺利地付诸实施了。

而那个为爱牺牲明眸的女人，一时间成了利雅得媒体争相追踪的热点人物。但是时间不长，这美丽的故事就引发了另一次举世哗然——她因为独眼的丑陋而被重见光明的丈夫无情地遗弃！

分一只美目给爱人，分一半世界给佳侣。这惊心动魄的馈赠，让多少爱情故事顷刻间枯败凋萎。

“只想让你看见我”，这一定是她心灵深处无悔的声音：“看呵，看我这为你而美丽过的容颜，看我这为你而丑陋着的容颜。你心里生出了怨嫌么？那就请你转动着我的眸子去捕捉你新的生活目标吧。只是啊，当你看到云时，云中有我；当你看到花时，花中有我；你欢笑了，甜蜜最先滋润我；你淌泪了，苦涩最先浸泡我……唉，我多么可怜你这不懂感情的人啊。”

微笑的放手

1998年夏，中国嘉鱼。洪水铺天盖地袭来的时候，董方保和他的妻子在急流中同时抓住了一棵小树。他们都不会水，求生的本能使他们死死地抱住了那棵救命的小树。

洪水迅猛地往上涨，他们拼死地往上爬。终于，幼嫩的树干再也无力承受两个人的重量，一点点朝水面弯下来，弯下来。妻子平静地看了丈夫一眼，说：“还有那么多孩子等着你呢，多保重呵。”还没等董方保反应过来，他的妻子已从容地放开了紧握树干的双手，消失在了湍急的洪流中。

董方保悲痛欲绝，但理智告诉他，他不可以随她而去——他是一所小学的校长，他的生命属于千百个天使般的孩子。

“让我先走一步吧”，这是一个深爱着丈夫的女人最后的心音：“你可知道，我多么不愿也不忍这么早就对你说出这诀别的话语。别了，生我养我的土地；别了，生死相依的爱人。带着我的一颗心好好活下去呵。等到洪水退去的时候，请你一定要领着我们的女儿小董钰来寻这棵树，告诉她，妈妈又是怎样微笑着放手。”

腾出一只手相牵相伴

一对情侣一块儿去逛商店，买了一大包东西，由男的拎着，女的专心地挑选。回来的时候，在路口看到一个卖西瓜的小摊，问问价钱，还挺合理。女的想买，男的说：“别买了吧，你看我都快拎不动了。”女友说：“没关系，我来拎一点。”

一个西瓜有七八斤重，男的用左手拎着，其它所有买来的东西加在一起，也有四五斤重，女的用右手拎着。当时他们都没有想到由男的用两只手来拎。当两个人很自然地把空着的手拉在一起的时候，他们才猛然意识到，他们让一只手承受全部的重量，原来是为了腾出另一只手来相牵相伴！

听过这样一个故事：一个远居国外的男人，到邮局去给他的妻子拍电报，全文是：“亲爱的妻，我在国外很想你，祝你圣诞节快乐！”当他掏钱付款时，发现身上带的钱差一点。于是他对邮局的小姐说：“为了省钱，我可不可以去掉几个不必要的字?”小姐说可以。

但当邮局的小姐接过那位丈夫删改过的电文时，发现去掉了“亲爱的”三个字。于是邮局的小姐说：“先生，你还是把‘亲爱的’三个字添上吧，钱由我来付。你不知道，这三个字对一个女人来说有多重要！”

让我们深深感动于这个故事的平淡和深情。当我们每天都用腾出的那只手牵住爱人的手时，我们并没有感到自己身上增加了什么，但当我们那只手骤然抓空时，我们会觉得失去了很多很多。

不可否认，鲜花攻势，名牌礼物等确实是爱的表达方式，但你可知道，最真挚、最真实的爱就在生活最平凡的小事中。

爱其实很简单

有一道心理测试题："春天的鲜花，夏日的溪水，秋天的月儿，冬天的太阳。"从中选一种自己最喜欢的，看看自己是不是具有浪漫的气质。

她想了想，拣出了"秋天的月儿"。太浪漫，近乎忧郁。

这时，她的新一任男友进来，高高大大的一个男孩。她把四张小纸条递过去，让他选，他扫了一眼笑着说："你们女人的游戏。"随手毫不犹豫地将"冬天的太阳"塞到她手里。

她眨眨眼："你一个冬天手都烫人，干吗选这个？"

男孩奇怪地看看她，似乎她应该知道原因。

"你不是最怕冷吗？手老冻得肿肿的。"

她惊住了，感受着他手中那个太阳的温暖。她怔怔地望着他，眼睛亮亮的。

爱，有时候其实很简单。

半年后，她嫁了他，那个为她选择太阳的男人。

豪言壮语、生死相依固然是爱的一种表达方式，但最实在的爱却往往在生活中不经意的小事中体现出来。

你的一句话，一个眼神，一个小小的动作，都会像种子一样在对方的心中生根发芽，开出爱的花朵，给对方一份有声或无声的爱。你在生活中这些点点滴滴的爱，让对方感动，让对方感受到你的真爱。但就有那么一些人只相信"伟大壮烈"的爱，不相信平凡小事中有真爱存在，天天身在爱中不知爱。

从痛苦中成长

曾经有人做过这样的实验，将一只最凶猛的鲨鱼和一群热带鱼放在同一个池子里，然后用强化玻璃隔开。最初，鲨鱼每天不断冲撞那块看不到的玻璃，奈何这只是徒劳，它始终不能到达对面去。

而实验人员每天都放一些鲫鱼在池子里，所以鲨鱼也没有缺少猎物。只是它仍想到对面去，想尝试那美丽的滋味，每天仍然不断地冲撞那块玻璃。它尝试了每个角落，每次都是用尽全力，但每次也总是弄得伤痕累累，有好几次都浑身破裂出血。

持续了好些日子，每当玻璃一出现裂痕，实验人员立刻加上一块更厚的玻璃。后来，鲨鱼不再冲撞那块玻璃了，对那些斑斓的热带鱼也不再在意，好像它们只是墙上会动的壁画。

它开始等着每天固定会出现的鲫鱼，然后用敏捷的本能进行狩猎，好像回到海中一样不可一世、凶狠霸气，但这一切只不过是假象罢了。

实验到了最后的阶段，实验人员将玻璃取走，但鲨鱼却没有反应，每天仍是在固定的区域游着。它不但对那些热带鱼熟视无睹，甚至当那些鲫鱼逃到那边去的时候，它就立刻放弃追逐，说什么也不愿意再过去。

实验结束了，实验人员讥笑它是海里最懦弱的鲨鱼。

失恋过的人都知道这是为什么，它怕痛。很多人受伤太深，很长时间没办法调适过来。这次失恋像是做错事的小孩讨皮痛，下次的选择就会更加谨慎。

不过道理人人会讲，身体力行的可能没几个，因为每个人都怕“痛”，所以干脆赖在那里不肯走出来。要能承受痛苦才能真正成长。

学会体谅别人

妻子正在厨房炒菜，丈夫在她旁边一直唠叨不停：“慢些！小心！火太大了！赶快把鱼翻过来！快铲起来，油放太多了！把豆腐整平一下！”

“哎呀”，妻子脱口而出：“我懂得怎样炒菜。”

“你当然懂，太太”，丈夫平静地答道：“我只是要让你知道，我在开车时，你在旁边喋喋不休，我的感觉如何。”

一位社会心理学家调查了一些夫妻不和的心理原因后，发现丈夫对妻子的不满，排在第一位的就是：妻子喋喋不休的唠叨，无论大事小事，无论在什么时间地点，总是说个不停。

学会体谅他人并不困难，只要你愿意认真地站在对方的角度和立场看问题。

钥匙与锁

一把坚实的大锁挂在大门上，一根铁杆费了九牛二虎之力，还是无法将它撬开。

钥匙来了，他瘦小的身子钻进锁孔，只轻轻一转，大锁就“啪”的一声打开了。

铁杆奇怪地问：“为什么我费了那么大力气也打不开，而你却轻而易举地就把它打开了呢?”

钥匙说：“因为我最了解他的心。”

每个女人心里都有一把锁，用来锁进，也用来锁出。锁进的是自己和曾经期待的那个人，锁出的是试图闯入却不被认可的那些人。男人通常在扮演拿着钥匙莽然前进的角色，遭遇闭门羹只会抱怨运气不佳，却从没想过是否找到了合适的钥匙。

有一种锁，一生只开启一次。只为一个人，只为一缕魂！对这类女人来说，真正的爱情只有一次，并且，只此一次也就够了！即使一次过后锁住的是门内空空的回音，也不会再有第二把钥匙匹配这把锁了，因为心里所承载的是足以回味一辈子的甜美。

另一种锁，不同时期可能开启好多次，但钥匙不在任何男人手上，而只属于女人自己。你可以把它理解成指纹锁、声音锁或者眼球锁之类专设的“门神”，并非拘泥于一把形式上的钥匙。这类女人很洒脱，也很自我。爱情，一定会有；男人，一定会要。但主动权在她——喜欢，可以为你设防尽逝；不喜欢，再多的痴狂也换不走一副冷冰冰的枷锁。

还有一种锁，即使拿对了钥匙也不是一次就可以打开的。这种女人很另类！接受你总是在朦朦胧胧的氛围之中，带着一点点暧昧，一点点神秘，让你琢磨不透。明明在暗示锁孔与钥匙的搭调，可怎么努力都好像有错位的误会，让人怀疑该否继续。男人在这个时候往往会选择挫败的退缩，却不知道自己与幸福只有一步之遥。

当然也有一种锁，锈迹斑斑，尘封已久。这自然是属于那些风韵雅致沧桑寂凉而又“有故事”的女人。她们期待爱情，相信爱情，却被爱情一再伤害。看似伤痕累累的心锁要打开或许并没有想象中困难。要的应该只是一分踏实，一分可靠和一种不再飘移的归属，如果你够细心，真挚的付出会带你找到藏身角落的那把普通无异实则神奇无比的钥匙。

最后还有一种锁，形同虚设，或者根本就不曾上过锁。公认“一把钥匙配一把锁”的道理在这里衍生成“多把钥匙开同把锁”的来者不拒。

每个人的心，都像上了锁的大门，任你再粗的铁棒也撬不开。惟有关怀，才能把自己变成一只细腻的钥匙，进入别人的心中，了解别人。

永远不会有一种固定的模式适合所有恋情，无论是开始还是继续！同样，也就不会有一把万能钥匙能够打开世间每一把锁——女人世界尤其如此！

相濡以沫

桌上流行一首顺口溜：“握着老婆的手，好像左手握右手。”每当有人念出，熟悉的或不熟悉的一桌子人便会意地放声笑起来，气氛立刻就轻松了。当然，这是基于人家对该顺口溜的一致理解——感觉准确，描述到位。

有一天，在餐桌上有人又念起这段顺口溜，男人们照例笑得起劲。后来发现餐桌上的一位女人没笑，男人们忙说闹着玩别当真。

没想到女人认真地说：“最妙的就是这‘左手握右手’。第一，右手是最可以被左手信赖的；第二，左手和右手彼此都是自己的；第三，别的手任怎么叫你愉悦兴奋魂飞魄散，过后都是可以甩手的，只有右手，甩开了你就残缺了，是不是?”

一桌子男人都佩服，称赞女人的理解深刻而独到，妇人淡淡地说：“有什么深刻而独到，不妨回去念给你们各自的老婆听听，看她们说些什么。”

男人当中有胆子大的果然回去试探老婆，果然老婆们的理解均与餐桌上的女士相同。

干涸的池底躺着两条相亲相爱的鱼，它们都竭力吐出最后的一口唾沫给对方，让对方获得一丝生存的希望，故事的名字叫“相濡以沫”。

要吃还是家常饭，要穿还是粗布衣，珍惜与自己相濡以沫的妻子吧！握小姐的手太贵，握情人的手太累，还是握自己老婆的手，即便淡如开水，也是风光无限。对爱情，无论说过多少山盟海誓，都不如苦难时的互勉互助，无论说过多少地久天长，都不如苦难后的情深弥坚。是否能相濡以沫是一把标尺。

给咖啡里放点盐

他和她的相识是在一个宴会上，那时的她年轻美丽，身边有很多的追求者，而他却是一个很普通的人。因此，当宴会结束，他邀请她一块去喝咖啡的时候，她很吃惊，然而，出于礼貌，她还是答应了。

坐在咖啡馆里，两个人之间的气氛很是尴尬，没有什么话题，她只想尽快结束，好回去。

但是当小姐把咖啡端上来的时候，他却突然说："麻烦你拿点盐过来，我喝咖啡习惯放点盐。"

当时，她都愣了，小姐也愣了，大家的目光都集中到了他身上，以至于他的脸都红了。小姐把盐拿过来了，他放了点进去，慢慢地喝着。

她是好奇心很重的女子，于是很好奇地问他："你为什么要加盐呢?"

他沉默了一会，很慢地几乎是一字一顿地说："小时候，我家住在海边，我老是在海里泡着，海浪打过来，海水涌进嘴里，又苦又咸。现在，很久没回家了，咖啡里加盐，就算是想家的一种表现吧，以把距离拉近一点。"

她突然被打动了，因为，这是她第一次听到男人在她面前说想家，她认为，想家的男人必定是顾家的男人，而顾家的男人必定是爱家的男人。她忽然有一种倾诉的欲望，跟他说起了她远在千里之外的故乡，冷冰冰的气氛渐渐地变得融洽起来，两个人聊了很久，并且她没有拒绝他送她回家。

再以后，两个人频繁地约会，她发现他实际上是一个很好的男人，大度、细心、体贴，符合她所欣赏的所有优秀男人应该具有的特性。她暗自庆幸，幸亏当时的礼貌，才没有和他擦肩而过。

她带他去遍了城里的每家咖啡馆，每次都是她说："请拿些盐来好吗?我的朋友喜欢咖啡里加盐。"

再后来，就像童话书里所写的一样，"王子和公主结婚了，从此过着幸福的生活。"他们确实过得很幸福，而且一过就是四十多年，直到他前不久得病去世。

故事似乎要结束了，如果没有那封信的话。

那封信是他临终前写的，写给她的："原谅我一直都欺骗了你，还记得第一次请你喝咖啡吗？当时气氛差极了，我很难受，也很紧张，不知怎么想的，竟然对小姐说拿些盐来，其实我不加盐的，当时既然说出来了，只好将错就错了。没想到竟然引起了你的好奇心，这一下，让我喝了半辈子加盐的咖啡。有好多次，我都想告诉你，可我怕你会生气，更怕你会因此离开我。现在我终于不怕了，因为我就要死了，死人总是很容易被原谅的，对不对？今生得到你是我最大的幸福，如果有来生，我还希望能娶到你，只是，我可不想再喝加盐的咖啡了，咖啡里加盐，你不知道，那味道，有多难喝。咖啡里加盐，我当时是怎么想出来的！"

信的内容让她吃惊，同时有一种被骗的感觉。然而，他不知道，她多想告诉他："她是多么高兴，有人为了她，能够做出这样一生一世的欺骗……"

这个故事让人想起另一个故事，叫《美丽的误会》。一对夫妻，刚结婚不久，第一次以正式身份在饭桌吃饭。妻子最爱吃的是鱼头，而丈夫最爱吃的是鱼尾。就餐时，丈夫以为妻子也和自己一样爱吃鱼尾，就把鱼尾夹给了妻子，妻子很高兴；同时，妻子也以为丈夫和自己一样爱吃鱼头，就把鱼头夹给了丈夫。之后，每次吃饭有鱼时，丈夫都会把鱼尾夹给妻子，妻子也同样把鱼头夹给丈夫。他们以为对方喜欢吃，所以把自己最喜欢的东西让给了对方。就这样，妻子吃了 50 年的鱼尾，丈夫吃了 50 年的鱼头，但他们都吃得津津有味……

真爱一个人

墨西·孟德尔松是德国知名作曲家的祖父，他的外貌极其平凡，除了身材五短之外，还是个古怪可笑的驼子。

一天，他到汉堡去拜访一个商人，这个商人有个心爱的女儿名叫弗西，墨西无可救药地爱上了她，但弗西却因他的畸形外貌而拒绝了他。

到了必须离开的时候，墨西鼓足了勇气，上楼来到弗西的房间，把握最后和她说话的机会。她有着天使般的脸孔，但让他十分沮丧的是，弗西始终拒绝正眼看他。

经过多次尝试性的沟通，他害羞地问：“你相信姻缘天注定吗？”

她眼睛盯着地板，答了一句：“相信”，然后反问他：“你相信吗？”

他回答：“我听说，每个男孩出生之前，上帝便会告诉他，将来要娶的是哪一个女孩。我出生的时候，未来的新娘便已许配给我了，上帝还告诉我，我的新娘是个驼子。我当时向上帝恳求：‘上帝啊！一个驼背的妇女将是个悲剧，求你把驼背赐给我，再将美貌留给我的新娘。’”

当时弗西看着墨西的眼睛，并被内心深处的某些记忆搅乱了。她把手伸向他，之后成了他最挚爱的妻子。

真正的爱是没有条件的，也不需要任何回报。

真爱一个人，不是因为他能带给你什么而爱他，而是因为爱他而准备接受他所带来的一切。真爱一个人，就是不在乎别人对你是否赞美，只在乎他的肯定与怜惜。真爱一个人，就是不指望他让你能在人前夸耀，但一定要在最深的内心有这样的把握：即使全世界与你为敌，他也会站在你身边，宁可背叛全世界也不背叛你。

好好爱自己

有一天，一个失恋的女孩在公园哭泣。这时一位哲学家走来，轻声地问她：“你怎么啦？为何哭得如此伤心？”

失恋的女孩回答：“我好难过，为何他要离我而去？”

不料这位哲学家却哈哈大笑，并说：“你真笨。”

失恋的女孩很生气地说：“你怎么这样，我失恋已经很难过了。你不安慰我就算了，你还骂我！”

哲学家回答她说：“傻瓜，你根本就不用难过啊！真正该难过的是他，因为你只是失去了一个不爱你的人，而他却是失去了一个爱他的人及爱人的能力。”

我们要学会在没人爱的时候，好好地爱自己。看看你周围，多关心那些正爱着你的人，或许更值得。

女人一生最惊天动地的莫过于失恋，能让一个女人出类拔萃的也莫过于失恋。摧毁和造就女人的都是失恋。如果说爱情是神秘的，那么它的全部意义就在于失恋。最优秀的女人诞生于最痛苦的失恋之中，最痛苦的失恋源于最深沉的爱。

挫折是成功的契机

一个叫爱波特的人有一次，讲了一个动人的故事，使人永远不会忘记。

他说："我通常是有点烦恼。但是在1934年春天，我在威培城西道菲街散步的时候，目睹了一件事，才使我的一切烦恼为之消解。此事发生在十秒钟内。我在这十秒钟里，所学到的如何生活，比从前十年学到的还要多。"

"我在威培城开一间杂货店已经两年，我不但把所有的储蓄都亏掉了，而且还负债累累，要七年之久才能还清。上星期六，我这间杂货店已经关门了。我现在只有向银行贷款，才能回堪萨斯再找工作。我走起路来像是一个受过严重打击的人，我已经失去了一切的信念和斗志。"

"可是，我突然看见一个没有腿的人迎面而来，他坐在一个木制的装有轮子的可以旋转滑走的盘内。他两只手各撑着一根木棒，沿街推进。我恰好在他过街之后碰见他，他刚开始走几尺路，到人行道去，当他推进他的小木盘时，我们的视线刚好相碰了。"

"他微笑着，向我打了个招呼：'早安，先生，天气很好，不是吗？'他很有精神地说。当我站着看他的时候，我感觉到我是多么富有呀，我有两条腿，我可以走，我觉得自怜是多么可耻。"

"我对自己说：'要是他没有腿也能快乐、高兴和自信，我有腿，当然也可以。'我感到我的胸怀为之开阔起来。我本来只想向银行借100元，但是我现在有勇气借200元了。我本来想到堪萨斯城试着找一份工作，但是现在我自信地宣布，我想到堪萨斯城获得工作。最后我钱也借到了，工作也找到了。"

"后来我把下面的字，贴在我的浴室镜子上，每天早晨刮脸的时候我都要读一遍：我忧郁，因为我没有鞋。直到上街我遇见一个人，他没有脚！"

挫折有时是宝贵财富，是成功的契机，是成功之母。李肯伯克和他的同伴坐在木筏上漂流了21天，绝望地迷失于太平洋中，有人问他得到的最大教训是什么？他说："我得到的最大教训是：只要你有淡水，你就想喝，只要你有食物，你就想吃，你决不再埋怨任何东西了。”

史密斯极其简洁地说出了人类的大智慧。他说：“人生的目的只有两件事：第一，得到你想要的；第二，得到之后就去享受它。但是只有最聪明的人才能做到第二点。”

抖掉泥沙站起来

有一天，一个农夫的一头驴子不小心掉进一口枯井里，农夫绞尽脑汁想办法救出驴子，但几个小时过去了，驴子还在井里痛苦地哀号。

最后，这位农夫决定放弃。他想，这头驴子年纪大了，不值得大费周折去把它救出来。不过无论如何，这口井还是得填起来。于是，农夫便请来左邻右舍帮忙，一起将井中的驴子埋了，以免除它的痛苦。

农夫的邻居人手一把铲子，开始将泥土铲进枯井里。当这头驴子了解到自己的处境时，刚开始哭得很凄惨。但出人意料的是，一会儿之后，这头驴子就安静下来了。

农夫好奇地探头往井底一看，出现在眼前的景象令他大吃一惊——当铲进井里的泥土落在驴子的背部时，驴子的反应令人称奇——它将泥土抖落在一旁，然后站到铲进的泥土堆上面！

就这样，驴子将大家铲在它身上的泥土全数抖落在井底，然后再站上去。很快地，这头驴子便得意地上升到井口，然后在众人惊讶的表情中快步地跑开了！

人生必须渡过逆流才能走向更高的层次，最重要的是，要永远看得起自己。在生命的旅程中，有时候我们难免会陷入“枯井”里，会遭遇各式各样倾倒在我们身上的“泥沙”，而想要从这些“枯井”脱困的秘诀就是，将“泥沙”抖落掉，然后站到上面去！

事实上，我们在生活中所遭遇的种种困难挫折就是加诸在我们身上的“泥沙”。然而，换个角度看，它们也是一块块的垫脚石，只要我们锲而不舍地将它们抖落掉，然后站上去，那么即使是掉落到最深的井，我们也能安然地脱困。

磨炼召唤成功的力量

一个人在高山之巅的鹰巢里，抓到一只幼鹰，他把幼鹰带回家，养在鸡笼里。这只幼鹰和鸡一起啄食、嬉闹和休息，它以为自己是一只鸡。

这只幼鹰渐渐长大，羽翼丰满了，主人想把它训练成猎鹰，可是由于终日和鸡混在一起，它已经变得和鸡完全一样，根本没有飞的愿望了。主人试了各种办法，都毫无效果。

最后主人把它带到山顶上，一把将它扔了出去。这只鹰像块石头似的，直掉下去，慌乱之中它拼命地扑打翅膀，就这样，它终于飞了起来！

磨炼召唤成功的力量。耐受力的形成和人成长的环境有很大的关系，现代物质生活的舒适安逸、家长的过度呵护以及学生疏于这方面的教育，造成了青少年耐受力较差，经不起挫折，吃不了苦头，受不了委屈。为使我们的下一代在未来的竞争中成为不畏艰难困苦，能够经受挫折，勇于开拓创新的强者，我们必须从现在做起，让孩子走出温室，经受艰苦生活的磨炼。

人生的抉择

一个农民从洪水中救起了他的妻子，他的孩子却被淹死了。

事后，人们议论纷纷。有的说他做得对，因为孩子可以再生一个，妻子却不能死而复活。有的说他做错了，因为妻子可以再娶一个，孩子却不能死而复活。

我听了人们的议论，也感到疑惑难决：如果只能救活一人，究竟应该救妻子呢，还是救孩子？

于是我去拜访那个农民，问他当时是怎么想的。

他答道：“我什么也没想。洪水袭来，妻子在我身边，我抓住她就往附近的山坡游。当我返回时，孩子已经被洪水冲走了。”

琢磨琢磨农民说的话，对自己说：所谓人生的抉择不少便是如此。面对这种艰难的抉择，请不要慌乱，你只需要静下心来，让本能和心灵来告诉你，你需要做什么。

人生就是在这不断的抉择中前进，从不断的跌倒中爬起，世事便是这样的，人就是这样长大的。

无限的潜力

一位音乐学院的学生走进练习室。在钢琴上，摆着一份全新的乐谱。“超高难度……”他翻着乐谱，喃喃自语，感觉自己对弹奏钢琴的信心似乎跌到谷底，消失殆尽。

已经三个月了！自从跟了这位新的指导教授之后，不知道为什么，教授要以这种方式整人。勉强打起精神，他开始用自己的十指奋战、奋战、奋战……琴音盖住了教室外面教授走来的脚步声。

指导教授是个极其有名的音乐大师。授课的第一天，他给自己的新学生一份乐谱。“试试看吧！”他说。乐谱的难度颇高，学生弹得生涩僵滞、错误百出。“还不成熟，回去好好练习！”教授在下课时，如此叮嘱学生。

学生练习了一个星期，第二周上课时正准备让教授验收，没想到教授又给他一份难度更高的乐谱，“试试看吧！”上星期的课，教授也没提。学生再次挣扎于更高难度的技巧。

第三周，更难的乐谱又出现了。同样的情形持续着，学生每次在课堂上都被一份新的乐谱所困扰，然后把它带回去练习，接着再回到课堂上，重新面临两倍难度的乐谱，却怎么样都追不上进度，一点也没有因为上周练习而有驾轻就熟的感觉，学生感到越来越不安、沮丧和气馁。

教授走进练习室，这时学生再也忍不住了，他必须向钢琴大师提出，这三个月来何以不断折磨自己的质疑。

教授没开口，他抽出最早的那份乐谱，交给学生。“弹奏吧！”他以坚定的目光望着学生。

不可思议的事情发生了，连学生自己都惊讶万分，他居然可以将这首曲子弹奏得如此美妙、如此精湛！教授又让学生试了第二堂课的乐谱，学生依然呈现出超高水准的表现……演奏结束后，学生怔怔地望着老师，说不出话来。

“如果，我任由你表现最擅长的部分，可能你还在练习最早的那份乐谱，就不会有现在这样的程度……”钢琴大师缓缓地说。

人，往往习惯于表现自己所熟悉、所擅长的领域。不是你不努力，而是努力得还不够。生活中、工作中总会遇到瓶颈状态，在极限的临界点上，如果再撑一撑、再坚持一下，也许就会迈过那道坎。

如果我们愿意回首，细细检视，将会恍然大悟：看似紧锣密鼓的工作挑战，永无遏止难度渐升的环境压力，不也就在不知不觉间养成了今日的诸般能力吗？因为，人，确实有无限的潜力！

脱掉脆弱的外套

一个女孩毫无道理地被老板炒了鱿鱼。中午，她坐在单位喷泉旁边的一条长椅上黯然神伤，她感到她的生活失去了颜色，变得暗淡无光。

这时她发现不远处一个小男孩站在她的身后咯咯地笑，她就好奇地问小男孩：“你笑什么呢？”

“这条长椅的椅背是早晨刚刚漆过的，我想看看你站起来时背是什么样子。”小男孩说话时，一脸得意的神情。

女孩一怔，猛地想到：“昔日那些刻薄的同事不正和这小家伙一样，躲在我身后想窥探我的失败和落魄吗？我决不能让他们的用心得逞，我决不能丢掉我的志气和尊严！”

女孩想了想，指着前面对那个小男孩说：“你看那里，那里有很多人在放风筝呢。”

等小男孩发觉到自己受骗而恼怒地转过脸时，女孩已经把外套脱了拿在手里，她身上穿的鹅黄的毛线衣让她看起来青春漂亮。

小男孩甩甩手，嘟着嘴，失望地走了。

生命的逆境及苦痛，纵使令人生厌，却是成长中必经的历程，也是为生命更新的过程。

生活中的失意随处可见，真的就如那些油漆未干的椅背在不经意间让你苦恼不已。但是如果已经坐上了，也别沮丧，以一种“猝然临之而不惊，无故加之而不怒”的心态面对，脱掉你脆弱的外套，你会发现，新的生活才刚刚开始！

不断追求

一位武林高手跪在武学宗师的面前，接受得来不易的黑带仪式。这个徒弟经过多年的严格训练，在武林终于出人头地。

“在授予你黑带之前，你必须接受一个考验。”武学宗师说。

“我准备好了。”徒弟回答道，以为可能是最后一个回合的练拳。

“你必须回答最基本的问题：黑带的真正含义是什么?”

“是我习武的结束”，徒弟答道：“是我辛苦练功应该得到的奖励。”

武学宗师等待着他再说些什么，显然他不满意徒弟的回答。最后他开口了：“你还没有到拿黑带的时候，一年以后再来。”

一年以后，徒弟再度跪在宗师的面前，宗师又提出同样的问题：“黑带的真正含义是什么?”

“是本门武学中最杰出和最高荣誉的象征。”徒弟说。

武学宗师等啊等，过了好几分钟，徒弟还是不说话，显然他很不满意。最后说：“你仍然没有到拿黑带的时候，一年以后再来。”

一年以后，徒弟又跪在宗师的面前，师傅又问：“黑带的真正含义是什么?”

“黑带代表开始——代表无休止的磨炼、奋斗和追求更高标准的里程的起点。”

“好，你已经可以接受黑带开始奋斗了。”

人类并不以活着为满足，还要追求更多更强更有价值的东西，为此而不停地努力和奋斗着。

天行健，君子以自强不息。自强不息就是奋斗不止。奋斗是一种精神状态，是一种精神境界。刘墉说得好：“在这个世界上，得别人夸赞一两句，就自以为已经不错而停止奋斗的人真是太多了，也就因此，他们无法达到最高的境界。”

第五章　扫去心灵的尘土

盲目跟从不可取

有一种奇怪的虫子，叫列队毛毛虫。顾名思义，这种毛毛虫喜欢列成一个队伍行走。最前面的一只负责方向，后面的只管跟从。

生物学家法布尔曾利用列队毛毛虫作过一个有趣的实验：诱使领头毛毛虫围绕一个大花盆绕圈，其他的毛毛虫跟着领头的毛毛虫，在花盆边沿首尾相连，形成一个圈。

这样，整个毛毛虫队伍就无始无终，每个毛毛虫都可以是队伍的头或尾。每个毛毛虫都跟着它前面的毛毛虫爬呀爬，周而复始。几天后，毛毛虫们被饿晕了，从花盆边沿掉下来。

一旦盲目跟从那些所谓的权威，而停止自己的思考，你会接连发生失误，甚至人生都会变得失败。

绝对的真理

爱因斯坦对学生说："有两位工人从烟囱里爬出来，一位很干净，一位很肮脏，请问谁会去洗澡？"

一位学生说："当然是肮脏的工人会去洗澡。"

爱因斯坦反问说："是吗？干净的工人看见肮脏的工人，他会觉得的确很肮脏。肮脏的工人看到干净的工人很干净，就不这么想了。我想再问你们，哪个工人会去洗澡？"

另一位学生似乎发现了答案："因为干净的工人看到肮脏的工人，以为自己也是肮脏的，肮脏的工人看到干净的工人，就会以为自己是干净的。所以干净的工人会去洗澡。”

在场的学生都认同这个答案，爱因斯坦笑说：“答案是错的。理由很简单，两个工人从烟囱里爬出来，怎么可能一个工人干净一个工人肮脏?”

跳出习惯、避开思路、摆脱性情，才能发现自己。因为绝对的真理是超脱一切现象而存在的。

贪婪是厄运的源头

在阿尔及尔地区有一种猴子，非常喜欢偷食农民的大米。当地的农民根据猴子的特性，发明了一种捕捉猴子的巧妙方法。

农民们把一只葫芦型的细颈瓶子固定好，系在大树上，再在瓶子中放入猴子们最爱吃的大米，然后就静候佳音了。

到了晚上，猴子来到树下，见到瓶中的大米十分高兴，就把爪子伸进瓶子里去抓大米。这瓶子的妙处就在于猴子的爪子刚刚能够伸进去，等它抓一把大米时，爪子却怎么也拉不出来了。贪婪的猴子绝不可能放下已到手的大米，就这样，它的爪子一直抽不出来，它就死死地守在瓶子旁边。

直到第二天早晨，农民把它抓住的时候，它依然不会放开爪子，直到要把那把米放入嘴中。

贪婪是厄运的源头。贪欲的膨胀，使简单变得复杂，轻松变得沉重，快乐最终被湮没了。

弯曲是一种生存方式

加拿大魁北克有一条南北走向的山谷。山谷没有什么特别之处，惟一能引人注意的是它的西坡长满松、柏等树，而东坡却只有雪松。

这一奇异景色之谜，许多人不知所以，然而揭开这个谜的，竟是一对夫妇。

1993 年冬天，这对夫妇的婚姻正濒于破裂的边缘，为了找回昔日的爱情，他们打算做一次浪漫之旅，如果能找回就继续生活，否则就友好分手。

他们来到山谷时，下起了大雪，于是，他们支起帐篷，望着漫天飞舞的大雪，发现由于特殊的风向，东坡的雪总比西坡的大且密。不一会儿，雪松上就落了厚厚的一层雪。不过当雪积到一定程度，雪松那富有弹性的枝丫就会向下弯曲，直到雪从枝上滑落。这样反复地积，反复地弯，反复地落，雪松才能完好无损。

但是其他的树，却因没有这个本领，因此树枝被压断了。

妻子发现了这一现象，对丈夫说："东坡肯定也长过杂树，只是不会弯曲才被大雪摧毁了。"

少顷，两人突然明白了什么，拥抱在一起。

弯曲，并不是低头或失败，而是为了站起来更有力。弯曲，是一种弹性的生存方式，是一种生活的艺术。

感悟一生的快乐

一位16岁的少年去拜访年长的智者。

少年问："我怎样才能变成一个自己愉快，也能给别人快乐的人呢?"

智者笑着说："孩子，在你这个年龄有这样的愿望，已经是很难得了。我送给你四句话吧。第一句是，把自己当成别人。"

少年说："是不是说，在我感到痛苦忧伤的时候，就把自己当成别人，这样痛苦自然就减轻了；当我欣喜若狂之时，把自己当成别人，那样狂喜也会变得平和一些?"智者微微点头。

智者接着说："第二句话，把别人当成自己。"少年沉思了一会儿，说："这样就可以真正同情别人的不幸，理解别人的需要，并给予适当的帮助。"智者两眼发光。

智者继续说："第三句话，把别人当成别人。"少年默默地思索着，回答说："这句话是不是说，要充分尊重每个人的独立性，在任何情形下都不能侵犯他人的核心领地。"智者哈哈大笑："很好，很好，孺子可教!"

智者说："第四句话，把自己当成自己。这句话理解起来太难，你留着以后慢慢品味吧!"

少年说："也好。不过这四句话我怎样才能把它们统一起来呢?"

智者答："很简单，用一生的时间和经历。"

一生的快乐，需要用一生来感悟。我们人生中的许多道理也是需要用一生的时间去体会、感悟。

发现生活的美

三个商人死后去见上帝，讨论他们在尘世中的功绩。

第一个商人说："尽管我经营的生意几乎破产，但我和我的家人并不在意，我们生活得非常幸福快乐。"上帝听了，给他打了50分。

第二个商人说："我很少有时间和家人待在一起，我只关心我的生意。你看，我死之前，是一个亿万富翁！"上帝听罢默不作声，也给他打了50分。

这时，第三个商人开口了："我在尘世时，虽然每天忙着赚钱，但我同时也尽力照顾好我的家人，朋友们很喜欢和我在一起，我们经常在钓鱼或打高尔夫球时，就谈成了一笔生意。活着的时候，人生多么有意思啊！"上帝听他讲完，立刻给他打了100分。

生活中不是缺少美，而是缺少发现。只有我们明白来到世界的真正意义是什么，我们的生活也将不会缺少美。

贪婪的结果

一个乞丐在大街上垂头丧气地往前走着。他的衣服旧得可以看见他身上的肉了，他的脸黄黄瘦瘦的，看起来很久没有吃过一顿饱饭了。他一边走，一边嘀咕着：要是能让我饱吃一顿该多好啊！为什么我就这么穷呢！他痛恨贫穷，怪命运女神太不照顾自己。

正在此时，命运女神出现在乞丐的面前。乞丐揉了揉混浊的双眼，认出是命运女神，连忙跪倒在地，低声哀求道："慈爱的命运女神啊，帮帮我这可怜的人吧！可怜可怜我吧，我现在什么都没有了。"

命运女神和气地问乞丐："那你告诉我吧，你最想要什么？"

乞丐早就把自己刚才的愿望抛到了九霄云外，张口就说："我要金子！"

命运女神说："脱下你的外衣来接吧。不过不要接得太多，那样会把衣服撑破的。这些金子只有被接住并且牢牢地包在衣服里才是金子，要是掉在地上，就会统统变成垃圾。”乞丐大喜过望，三下五除二就脱下了衣服。

命运女神轻轻地一挥手，只见金子像流星雨一样，闪着金光，一颗颗地落在乞丐的衣服上，渐渐堆成了一座小金山。

命运女神说：“小心啊！你的衣服就要被压破了，再多装一点金子就要掉下去了。”

乞丐看着飞来的金块，两眼放光，哪里听得进女神的劝告，只是一个劲儿兴奋地嚷嚷：“再给点，再给点！”

正喊着，只听“哗啦”一声，他那破旧的衣服裂开了一条大口子。金子滚落在地上，就在落地的那一瞬间变成了砖头、玻璃和小石块。

命运女神消失了。乞丐又变得一无所有。他只好披上那件更破更烂的衣服，继续乞讨谋生。

贪婪如同一个永远难以填满的沟壑。愈是贪婪，愈发现自己一无所有。这样恶性循环的结果，大家不言而喻。

真才实学才是生存之道

一个春日的午后，父亲与儿子一起来到林间漫步。这是一个美丽而安静的日子，温暖的阳光洒在他们的身上，许多鸟儿在枝头雀跃。

在一个弯道处，父亲忽然停了下来。他望着自己的儿子，在短暂的沉默之后，他问道：“你听到了什么声音？”

儿子仔细地听了听，几秒钟之后回答说：“我听到了鸟儿的叫声。”

“除了小鸟的歌唱之外，你还听到了什么声音？”父亲又问孩子。

儿子侧耳倾听，笑着说：“还有马车的声音！”

“是的，是一辆马车，而且是一辆空马车。”父亲若有所思地说。

儿子非常奇怪，于是问他：“你看见马车了吗？您是怎么知道那是一辆空马车的呢？”

父亲答道：“从声音就能轻易地分辨出马车是不是空的。马车越空，噪音就越大。”

儿子想了想，还是有点不明白。父亲又接着说：“就像我们身边的一些人一样，他们肚子里没有多少知识和涵养，他们却总是口若悬河，一心想显出自己很有水平。他们想尽一切办法贬低别人，其实这样的人最无知，腹内空空。”

儿子思索着父亲的话，觉得非常有道理，常常反省自己。每当看到那些滔滔不绝、粗暴地打断别人谈话的人，或者那些目空一切、肆意贬损他人的人，他的耳边就响起了父亲的那句话：“马车越空，噪音就越大。”

俗话说，满瓶子不响，半瓶子咣当。口若悬河的人往往华而不实。因此，务实、真才实学，才是人在社会上的生存之道。

自助之人，天愿助之

一个暴风骤雨的夜晚，一对上了年纪的夫妇来到一家旅店。他们的行李非常简陋，身无长物。

年老的男人对旅店伙计说：“对不起，我们跑遍了其它的旅店，里面全客满了。我们想在贵处借住一晚，行吗?”

年轻的伙计解释说：“这两天，有三个会议同时在这个地方召开，所以附近的旅店会家家客满。不过，天气这么糟糕，你们二位一把年纪，没个落脚处也不方便。”

伙计一边说一边把两位老人往里边请：“我们的旅店也客满了，要是你们不介意的话，你们就睡我的床吧!”

“那你怎么办呢?”那对夫妇异口同声地问。

“我身体很好，在桌子上趴一会或者在地上搭个铺都不碍事的。”

第二天早上，老人付房钱时，伙计坚持不要，说：“我自己的床铺不是用来赢利的，我怎么能要你们的钱呢?”

“年轻人，你可以成为美国第一流旅馆的经理。过些日子兴许我要给你盖个大旅馆。”

伙计听了，只当是一个玩笑，畅怀大笑起来。

两年过去了。一天，年轻人收到了一封信，信里附着一张到纽约的双程机票，约请他回访两年前在那个雨夜借宿的客人。

年轻人来到了车水马龙的纽约，老人把他带到第五大街和第三十四街的交汇处，指着一幢高楼说：“年轻人，这就是我们为你盖的旅馆，你愿意做这个旅馆的经理吗?”

不错，这位当年的年轻人就是如今大家都熟识的纽约首屈一指的奥斯多利亚大饭店的经理乔治·波尔特，那位老人则是威廉·奥斯多先生。

帮助别人，其实是在帮助自己。同样，自助之人，天愿助之。记住，我们多撒下一份助人之心，将会多收获一份助己之力。

珍惜现在拥有的东西

有一对贫穷的夫妇，依靠自己家的一块田地维持生计，每年收割的庄稼只能勉强过活。但值得欣慰的是，他们家还养着一只母鸡，每天可以生一个鸡蛋。

神奇的事情发生了。有一天，这只鸡生下了一个金蛋。农夫把鸡蛋拿到市场上去卖，得到了一笔现金，数量多得吓了他一跳。竟然不费吹灰之力就得到了这么一大笔钱，农夫喜滋滋的。

农夫回到家里，盯着下金蛋的鸡看，不明白自己为什么这么幸运，他心想，以后再也不用辛辛苦苦耕种了，需要什么东西，不管是豆子、蔬菜还是肉类，都能用金蛋换的钱在市场上买回来。

母鸡一天下一个金蛋，夫妇俩发了大财，买下了肥沃的田地。又盖起了漂亮的大房子，请了许多仆人，日子过得舒服极了。

但是他们非常贪心，对这一切并不满足。有一天躺在床上，妻子说："既然母鸡每天可以下一个金蛋，那它的肚子里一定有很多很多的金蛋，说不定就是一个金库……"

丈夫紧接着说："对，我们干脆把鸡杀了，从肚子里把所有的金蛋都拿出来！"

于是，他迅速地爬起来，拿了一把刀把那只下金蛋的鸡杀了。但是剖开鸡腹之后，发现和普通的鸡并没有什么两样，根本没有什么金蛋，也不是什么金库！农夫非常懊悔亲手毁了自己的致富宝贝，但为时已晚。他希望得到更多的财富，却把原有的利益也失去了。

杀鸡取卵，贪得无厌的结果是一无所有。人们应该珍惜的是现在拥有的东西，而不是一味地去追求金钱、权力。贪念欲望早晚会把人带入"赔了夫人又折兵"的境地。

不为习俗所约束

科学家把5只猴子关在一个笼子里，笼子上头有一串香蕉，实验人员装了一个自动装置，猴子去拿香蕉，马上就会有冷水喷向笼子，这5只猴子全会被淋湿。

一开始有只猴子想去拿香蕉，水柱立即就喷了出来，每只猴子都淋得一身湿，所有的猴子都尝试过了，结果都是这样。于是，猴子们再也没有去拿香蕉的企图，因为害怕水柱会喷出来。

后来实验人员把其中的一只猴子抓出来，换了一只新猴子。这只猴子看到香蕉，想去拿，结果其他4只旧猴子马上拦阻了它，因为它们认为新猴子会害得自己全身淋湿，新猴子尝试了几次，结果被那几只猴子打得全身是伤。

后来实验人员又把一只旧猴子抓出来，换上另外一只新猴子。和前一只猴子一样，它也想去拿那香蕉，结果其他4只猴子围上来把它揍了一顿，上次来的那只猴子打得最有力。新猴子试了几次，结果总是被惨揍一顿，只好作罢。

后来，所有的旧猴子都被陆续抓出来，换成了新猴子，但是没有哪一只猴子敢动那香蕉，因为只要拿香蕉就会被揍，至于为什么它们都不知道。

生活中，我们不要不假思索地被人为的习俗所约束，那样，我们只会陷入混乱和迷惑中。

话有三说，巧说为妙

皇帝梦见自己所有的牙齿都掉了，醒来后，他吓出了一身冷汗，觉得很奇怪。他立刻召来一个解梦家，问他这个梦是不是暗含着什么意义或者预示着将来。

“唉，陛下，很不幸地告诉你。”解梦家说道，“每一个掉落的牙齿，都代表着您的一个亲人的死亡！”

“什么？你这胡说八道的家伙。”皇帝愤怒地对着他大喊，“你竟敢对我说这种不吉利的话，给我滚出去！”他下令道，“来人啊！给这个家伙五十大板。”

不久，另一个解梦家被传召来了，他细心地听完皇帝讲述的梦境，他的脸上露出一抹微笑，说道：“皇帝，我很荣幸能为您解梦，您真是洪福齐天！您将活得比所有的亲人都要长久！”

皇帝听后，立即眉开眼笑，他说：“你的解梦之术实在是高明啊！”然后，又安排侍从盛情款待他，临走时还赏赐给他50个金币。

在一旁的侍从私下问这位解梦者；“就我听来，你的解释和第一个解梦人不都是同一个意思吗？恕我直言，我并不觉得你的解梦之术有什么高明之处！”

那聪明的解梦家狡黠地答道：“你说得不错，不是我的解梦术高明，而是我说话比别人稍稍高明了一些。话有很多种说法，问题就在于你如何去说！”然后，他高高兴兴捧着金币回去了。

“话有三说，巧说为妙。”如何巧妙地表达出心中的意思，需要用心诠释话中的道理，需要在生活中细细体味。

警惕贪得无厌的人

一个寒冬的夜晚，有位阿拉伯人正坐在自己的帐篷中，外面是呼啸的寒风，里面则比较暖和。一会儿，门帘轻轻地撩起来了，原来是他的那头骆驼，它在外面朝帐篷里看了看。

阿拉伯人很和蔼地问它：“你有什么事吗？”

骆驼说：“主人啊，外面太冷，我冻得受不了了。我想把头伸到帐篷里暖和暖和，可以吗？”

仁慈的阿拉伯人说：“没问题。”

骆驼就把它的头伸到帐篷里来了。过了不久，骆驼又恳求道：“能让我把脖子也伸进来吗？”阿拉伯人想想反正也占不了多少地方，又答应了它的请求。骆驼于是把脖子也伸进了帐篷。它的身体在外面，头很不舒服地摇来摇去，很快它又说：“这样站着很不舒服，其实我把前腿放到帐篷里来也就是占用一点地方，我也可以舒服一些。”

阿拉伯人说：“说得也对，那你就把前腿也放进来吧。”阿拉伯人挪动一下身子为骆驼腾出一点空间来，因为帐篷实在是很小。

一会儿，骆驼又摇晃着身体，接着说话了：“其实我这样站在帐篷门口，外面的寒风刮进来，你也和我一起受冻，我看倒不如我整个儿站到里面来，我们都可以暖和了！”

可是帐篷实在是小得可怜，要容纳一人一驼是不可能的。但是，主人非常善良，保护骆驼就好像保护自己一样，说：“虽然地方小了点，不过你可以整个站到里面来试试。”骆驼进来的时候说：“看样子这帐篷是住不下我们两个的，你身材比较小，你最好站到外面去。那样这个帐篷我就住得下了，而且空间能被充分利用。”

骆驼说着，进来的时候挤到了主人，这位阿拉伯人打了一个趔趄就退到了帐篷外面，主人就这样被骆驼挤了出去。

面对得寸进尺、贪得无厌的人，我们不仅要时刻保持警惕，而且不要被他那可怜兮兮的样子所感动而作出任何让步。

巧妙的批评

有一天，牧羊人把一群山羊赶到绿草如茵的山坡上去吃草。

山羊同往常一样一只只分散开，埋头吃着青草，而牧羊人则躺在一棵大树底下，吹奏他心爱的笛子。

中午时分，牧羊人从一只小布袋里取出面包和奶酪，吃饱了肚子，又走到清泉边喝足了水，然后躺下睡觉。

待牧羊人醒来时，太阳快要下山了。它赶紧爬起身吆喝着，把分散的一只只山羊召集起来。可是数来数去就是少了一只羊，最后，他看见那只掉队的山羊站在一块高耸的大岩石上。牧羊人冲着它吹了一声口哨，可是那只山羊就像没有听见一样。

牧羊人不禁火冒三丈，从地上捡起一块石头朝那只山羊掷去，他只是想吓唬一下那只山羊，让它快点从岩石上下来。没有想到的是，牧羊人投掷得那样准，那块石头竟击中了山羊的一只角。也许是他用的力气太大的缘故，那只角顿时断成了两截。

牧羊人一时不知所措，因为他知道，要是他的主人发现了，肯定会怪罪他没有尽心尽力放牧好羊群，不知会怎么惩罚他呢，说不定还会因此把他赶走。

在绝望中，牧羊人央求那只山羊，说：“亲爱的山羊，请你帮帮我的忙，不要告诉我的主人你今天的遭遇，要不我就完蛋了！”

“你放心吧，我保证不会告状！”山羊回答说，“但是，我怎么能遮掩得住我的遭遇呢？所有人都会清楚地看到我的一只角断了。”

面对问题，我们要实事求是地对待，不要回避，不要做丝毫的掩饰与遮盖，那是徒劳的努力。

实事求是看问题

美国第三十届总统柯立芝刚上任时，聘了一个女秘书协助他。这个女秘书年轻又漂亮，但是她的工作却屡屡出问题，不是字打错了，就是时间记错了，这些给柯立芝的工作带来很多的麻烦。

有一天，女秘书一进办公室，柯立芝就夸奖她的衣服很好看，盛赞她的美丽，女秘书受宠若惊，要知道总统平时是很少这样夸奖人的。柯立芝接着说：“其实你的工作也可以像你的人一样，都办得很漂亮。”

果然，女秘书的公文从那天起就再没有出现过什么错误。有个知道来龙去脉的参议员就好奇地问总统：“你这个方法很妙，是怎么想出来的？”

柯立芝笑一笑：“这很简单，你看理发师帮客人刮胡子之前，都会先涂上肥皂水，这样做的目的就是让别人在受刮时不会觉得疼痛，我不过就是用了这个方法而已！”

我们必须明白，责备的目的是为了对方改正缺点。因此，带着爱心，试着用赞赏的方式去责备，你收到的将是双倍成效。

生存的境界

有一家人很穷，常常吃了上顿没下顿。下雨了房子就漏雨，而他们只能用一个破瓦盆来接水。家门口用来擦鞋的垫子也是一条脏兮兮、皱巴巴的麻袋。虽然没有破，但麻袋还是为此觉得自己卑贱又可怜！它难受极了，整天无精打采地匍匐在地上。

突然有一天，那家穷人暴发了。他们的钱把家里所有的容器都装满了后还有一大堆。主人把麻袋也拣回了家，把它洗得干干净净，装进了不计其数的金币！

从此，装满了金币的麻袋再也不用待在门口被别人踩来踩去。现在，它住在一个宽敞的大铁箱子里，风吹不着，雨淋不到，苍蝇也叮不着，享受着养尊处优的生活。每有主人的朋友来拜访，主人就会打开铁箱，指着麻袋说："瞧，我的宝贝！"那些人就会盯着麻袋，面露羡慕之色，不停地喊着："天哪！天哪！"没有朋友来时，主人每天也要花许多时间搂着麻袋，一边抚摩着麻袋，听着里面金币撞击的声音，一边喃喃地说："哦，我心爱的！你是我的希望！"

久而久之，麻袋变得自高自大、目中无人了，经常口出狂言，说这个不好，骂那个不是。奇怪的是，不论麻袋说什么，说得对不对，别人总是对它笑脸相迎，点头哈腰，连连称是。

这样的情况维持了一段时间，后来，麻袋里的钱开始慢慢减少了，主人和麻袋在一起的时间也越来越少了，再也没有朋友来欣赏它赞美它了。

直到有一天，麻袋里的金币一个也不剩了，原来，主人破产了，这家人又成了穷人。麻袋又重新被丢在门口，人们在上面擦鞋或者蹭脚底下的泥。这时候，麻袋才明白自己是因为什么被主人看重的，又是因为什么它的地位一落千丈的。

真正的生存境界，是独立于物喜物悲之外，时刻清楚自己的存在是不依附在任何外在的东西。

一技之长

猫和狐狸外出朝拜圣地，打扮得像两个小圣徒。实际上它们圆滑又刁钻，善于阿谀奉承，是名副其实的骗子。一路上它们尽干坏事，没少骗吃家禽和干酪，根本不花费自己的一个铜子。

漫长的旅途枯燥无聊，于是它俩用争论问题来打发时光、驱除无聊。空旷的路上充斥着这两位朝圣者的吵嚷声。

一个话题结束后，他们开始互相贬损对方。狐狸轻蔑地对猫说道："你自认为聪明，其实你懂些什么，我有的是锦囊妙计。"

"那有什么用，"猫说，"我只有一着，但它足以赛过各种计谋。"于是新一轮的争论又重新爆发了，它们各说各的理，吵得不可开交。

就在这时候，一群猎狗闻声赶来了，争吵迅速平息了。猫对狐狸说：

“朋友，现在就看你有什么锦囊妙计了，动脑筋想想，赶紧找一条逃生之计吧，我就只有看这一着了。”话音刚落，猫纵身跳到树上，爬了上去。狐狸在那儿想来想去，可是它刚刚列举的上百条计谋没有一条管用。情急之中，它接连不断地钻进一个又一个窝穴中，把这群猎狗引入了歧途。然后慌慌张张地四处找寻安全的隐蔽之处，却怎么也找不到一个像样的地方。猎人开始用烟雾四处熏，狐狸稍有动静就会受到矮种猎狗的追咬。最后，狐狸实在受不了缭绕的烟雾，冒险钻出了地面，动作利索的猎狗迅速地一拥而上，咬住它的咽喉，狐狸就这样一命呜呼了。

“宁缺毋滥”，同样，我们的生存技能也最好是“宁精勿平”。一个人要在社会上立足，必须拥有一技之长，在形成自己的特色的基础上全面发展。

温柔比粗暴有力量

一天，北风与太阳争论起来了，它们都认为自己的能量大，太阳说：“万物生长都需要我，我是宇宙的中心，我的能量无人能敌!”北风也不甘示弱，反驳道：“我所到之处声势浩大，人们见到我都避之不及，我还能发电……”两个人争论不休，最后，它们看下面有一个行人，于是决定要是谁能让行人脱下衣服谁就是力量最强大的。

北风憋足了一口气，猛烈地刮，路边的树木左右摇摆，灰尘满天，那个行人扣紧衣服，急速地奔走起来。

北风见此，认为自己还没有使出全部的力量，于是，刮得更猛了。行人紧扣着的衣服又被掀起来了。他冷得瑟瑟发抖，连忙把衣服裹得紧紧的。北风使出浑身解数，行人不但没有脱掉衣服，反而戴上了遮风的帽子。

北风刮疲倦了，太阳微笑着说：“你这样是不行的，还是让我来吧!”说完，它把温和的阳光洒向大地，阳光暖洋洋的。刚刚裹紧衣服的行人感受到了和煦的阳光，松开了衣扣，取下了遮风帽。

太阳接着把温暖的阳光射向大地，在这样大好的天气里走路，行人渐渐觉得热，最后汗流浃背。他想：这么温和的天气，还不如把衣服脱了，就不会热得难受了，走起路来也会轻松许多的，还可以直接享受太阳的温暖，那该多好啊。这样想着，他索性脱下了衣服。

力量的表现方式有多种，滴水也能石穿。有时，温柔比粗暴更有力量。这需要我们在生活中好好把握。

扩大寻找范围

有一个人想在服装大市场开一个服装精品屋。他准备租下服装市场最东头的3间房做门面，他在想，顾客大多从东头来，首先到的就是他的门店，那样自己岂不是占尽了服装市场的头筹生意。

他的朋友知道了他的计划，大摇其头，他说："一个市场的领头店，其实所占的地段并不是特别好。"

朋友一下子迷惑了，一个市场的"头家"门店，怎么能说没有占到地利的优势呢？朋友继续说："你每次到市场上买东西，是不是见了就买呢？"

他说："当然不是这样！至少要货比三家，走一走，看一看，挑一挑吧。"

朋友微微一笑说："正是这样啊！大多数人买东西都要有个比较，不会一见到货就立刻掏钱买下的。你的门店在市场的'头家'，顾客一进市场就迎头走进你的门店，但他们不会立刻就购买，至少会和你一样到别的店看一看，然后才会决定在哪里购买。有多少人会见了就买呢？"

那个朋友顿了顿，接着说："想依靠'头家'店招揽更多的生意，你认为这有可能吗？"

要想获得更多，就要扩大自己的寻找范围。"水深鱼大，店深客多。"因此，任何人，在一个狭小范围甚至个人空间里生存，他的人生将会是"门前冷落"。

生活要脚踏实地

一群老鼠在富翁家里过着无忧无虑的生活，不愁吃喝，安乐自在地繁衍后代。

然而，不知是主人担心积存的谷物，还是他的朋友无意送了他一只猫，总之，它们的天敌来了，更糟糕的是，这只猫是捉老鼠的神手，老鼠的数目眼看着一天一天地减少。

老鼠们为此召开了一次全体会议。一个德高望重的老鼠站了起来，严肃地说道："这是关系我们生死和未来的问题，我们即将面临死亡！下面大家商讨一下解决的方案吧！"

大家都静下来了，死亡的阴影笼罩了整个会议。在智能测试中获得第一名的老鼠站了起来，清了清嗓子说："我现在想出了一个好办法。大家都知道，所有的威胁都来自那只猫，我们只要躲开它，不被它抓住就行了。我们可以把一个铃铛挂到猫的脖子上，一旦猫向我们靠近，就会发出声音。我们听到铃声躲到洞里不就行了吗？"

聪明绝顶的老鼠说完，会场里响起热烈的掌声。"对呀，真是个好主意啊！"

那个老鼠满面笑容地接受着大家的夸奖，心中暗暗得意。这时，小老鼠一边往后退，一边胆怯地说："可是谁去往猫脖子上挂铃铛呢？太可怕了，我可办不到。"

瞬时之间，会场变得寂静无声了。这个主意的确非常绝妙，也十分稳妥，但是派谁去实现呢？

我们每个人的一生，不是在自己的不切实际的想象中，而是在实实在在社会中。因此，我们的认知，要符合实际，要经过自己的全部努力才能够实现。

吃一堑，长一智

一次，一个猎人在森林里捕获了一只非常奇特的鸟，它会说话。

鸟儿挣扎着说："你放了我吧，我能说70种语言，非常聪明。只要你放了我，我将给你3条忠告。"

"你先告诉我，"猎人回答道，"我发誓我会放了你。"

鸟儿同意了。"第一条忠告是，"鸟儿说道，"自己做的事做完之后，就不要后悔。"

"第二条忠告是：不管什么人告诉你一件事，如果你认为是不可能的就不要相信。"

"第三条忠告是：不要轻易爬高，如果爬不上去千万不要费力去爬。"

说完后，鸟儿对猎人说："我对你的忠告就是这些。该放我走了吧？"猎人想想自己的誓言，把鸟儿放了。

这只鸟儿飞起后落在一棵大树上，冲着猎人大声喊道："你真愚蠢，你放了我，但你并不知道我为什么这么聪明。我的嘴里有一颗价值连城的大珍珠，正是它让我这样聪明的。”这个猎人听完后，狠狠地捶了捶自己的脑袋，后悔不迭：自己怎么就没有想到它聪明的根本原因呢？他想再次捕获这只鸟，于是跑到树跟前往上爬。但是那树实在是太高了，爬到一半时，他不小心一松手就掉了下来，摔断了双腿。

鸟儿嘲笑他并向他喊道：“笨蛋！我刚才告诉你的忠告你全忘记了。你相信像我这样一只小鸟的嘴里会有一颗很大的珍珠，你忘记了第二条；你把我放了，又后悔，你忘记了第一条；你不甘心，又爬上树来抓我，你忘记了第三条。你摔断双腿是咎由自取。”鸟儿扑打着翅膀，接着说道：“对聪明人来说，一次教训比蠢人受100次鞭挞还深刻。”说完就飞走了。

聪明的人，经历一次教训比蠢人受100次鞭挞还深刻。做个聪明的人，那就要做到“吃一堑，长一智”，不要在同一个问题上跌倒两次。

与人为善

蛇常年生活在原野里，不但要辛苦地寻找食物，还要忍受恶劣的自然环境。终于有一天，蛇决定搬到人的家里去住。因为人的家夜晚温暖，白天凉快，而且人的家里还有它最喜欢的老鼠，用不着四处寻找食物，简直如天堂一般。

于是它立刻离开原野，搬到村里的铁匠家。

刚到这里，它对所有的东西都感到新奇，满怀着期待的心情，在铁匠家里四处游逛起来。

它来到铁匠的桌台上，发现那里躺卧着一条和自己长得很像的蛇，可是仔细一瞧，这条蛇既没有蜷成一团也不抬起脖子，只是随便地伸展着身子躺着。可是它发现还有一个长长的东西躺在旁边。蛇没有想到会被别人抢先一步，大失所望，但是既然来到这里，它就不想再走回头路了，它决定把这条蛇赶出去，自己独占这个家。于是它蜷曲起来，然后高高昂起镰刀形的脖子，露出尖利的牙齿，可是对方看了却没有任何反应，依然静静地躺在那里。于是，它抢上一步咬住了对方。

它一咬再咬，那家伙的鳞片发着乌黑的亮光，却硬得令它难以相信，再怎么张牙，对方都毫无反应。它那对重要的尖牙在一咬再咬的过程中逐渐毁损了，这也难怪，因为对方根本就不是蛇，而是一只蛇形的长条铁锉。

没过多久，这条可怜的蛇就把自己的牙齿磨掉了。

争勇好斗的人，往往无中生有地为自己树立一些敌人，结果祸害的还是自己。做一个与人为善、与邻为友的人，你的人生中将会有更多的朋友，而不是更多的敌人。

人事关系

都海是阿拉伯民间传说中深受大家喜爱的“聪明的愚者”。

有一天，有个喜爱打猎的朋友前来拜访都海。

“我刚才在森林里打到了一只兔子，我把它给你送过来，你可以做一顿丰盛的晚餐。”他进门时很骄傲地说道。

都海开心地烹煮这只兔子，然后他们坐下来享受了一顿美味的大餐。

第二天，有位陌生人来敲都海的门。

“您是谁?”都海问。

“我是昨天带兔子给你的那位猎人的邻居。”他说。

都海客气地邀他进门并为他煮了一顿晚餐。

“这是我们炖兔子的剩菜。”都海说。这位访客狼吞虎咽地吃着。

隔天，另一位陌生人来敲都海的家门。

“您是谁?”都海问。

“我是带兔子给你的那位猎人的邻居的表弟。”他说。

“请进!”都海说。他让那人在桌边坐下，并在他面前放了一碗热水。

“这是什么?”陌生人问。

都海说：“这是用烹煮兔子的锅煮出来的水，那兔子是我那位猎人朋友，也就是您表兄的邻居送来的。”

在这个世界上，有些人总在寻找人事关系，哪怕非常微弱，认为这样自己可以从中谋利，但这种做法的收获是微忽其微。其实，关系越用越淡，人情越走越密。

逃避的代价

有一个非常聪明的国王，他懂得如何教导自己的臣民养成好习惯，他非常注重培养人民的勤勉与细心。

他常说："如果人民只抱怨或者期待他人帮自己解决问题，那么好事就不会降临这个国家，上帝只赐福给那些将命运掌握在自己手里的人。"

一天晚上，趁其他人都睡了，他把一块大石头放在通往皇宫的路上，然后躲在一边观察会发生什么事情。

首先，迎面而来的是一个农夫，马车上载满了谷物。

"是谁这么粗心大意？"他边说边把马车转向，绕过石头。"为什么这些懒人不把石头移走？"尽管他在不断地抱怨其他人的懒惰，他却碰都没碰那块石头。

过了一会儿，一位年轻的战士唱着歌走近了。他心中还想着自己在战场上的英勇，并未看到石头，直到石头差点将他绊倒。他生气地举起剑，咆哮着责骂过路人的懒惰，竟然没有谁把它搬走。他跨过石头走远了。

时间一天天地过去了，许多人打此经过，但依然没有人设法移动这块石头。

直到一天晚上，一个贫穷的青年正好经过。每天，天一亮他就到外面干活，非常疲惫。但是他看到了这块石头，自言自语："这么黑的天，如果有人经过这里会被石头绊倒的。我要把它挪开。"

年轻人开始搬石头，石头很大，他又非常劳累，移动起来很艰难，但是他最终还是将它移到了路的旁边。但让他惊讶的是，石头移开之后，下面竟然有一个盒子。盒子上面写着一句话："送给挪开石头的人。"他打开盖子，里面装满了金子！

当农夫与战士以及其他人听到消息后，马上聚集到曾经放石头的地方，在附近仔细寻找，希望也能发现一块黄金，但他们失望了。

国王对他们说："我们经常会遇到障碍与重担。如果选择绕过，可能会因此失去成功的机会，逃避的代价往往是失望。"

机会从来都是垂青有准备的头脑。任何绕过障碍并且懒惰的人，其实是在绕过机会，他们所得到的结果也就可想而知了。

自己的事情自己解决

有个农夫在自己家的附近开垦了一个菜园，他精心设计了一番，里面种上了自己爱吃的各种蔬菜和五颜六色的鲜花。他最大的乐趣就是忙完田地里的农活，来到菜园里侍弄自己喜爱的蔬菜和鲜花。

然而，最近常有野兔来造访菜园，去的次数比他还要频繁，那些蔬菜被啃得乱七八糟。它们意外地发现这座宝山时简直乐翻了天。从此以后，肚子一饿就到农夫的菜园，昨天吃胡萝卜，今天吃莴苣，全家总动员，把在山野里没有吃过的柔嫩美味的蔬菜吃了个痛快才回家。

农夫试图把兔子赶出去，但是用了很多办法都无济于事，最后，他想到了这个地区的领主。他思量着：既然是领主，就应该有责任解决人们遇到的种种烦恼，当然也能保护他的菜园免于遭兔子的侵扰。

于是，他去求见领主，没想到领主立刻爽快地答应了，轻松得令他吃惊。领主说："你放心，除掉兔子这件事没有人比我更厉害，包在我身上了！下次你到那里的时候，再也不会有兔子侵扰你的菜园了。"

事情进展得超乎意料的顺利，男人觉得有点不安，不过他还是认为，既然领主答应过的事情，就一定能够办到，他一定有办法将那些危害自己菜园的兔子除掉。想到这里，他的心情好多了。

等农夫一走，领主就喜形于色地对随从说："喂，听到了没？好像有很多兔子。好久没有打猎了，快点准备吧。"于是领主就率领着众人，骑着马，牵着猎犬前往农夫的菜园。结果领主大失所望，因为那里并没有太多的兔子。他们在那里转悠了半天，农夫精心侍弄的菜园被踩得一塌糊涂。那些蔬菜和花都被踩死了，好不容易开始长根的树苗和草坪也全都毁了。

自己的事情与困难，应该自己处理与解决，而不要寄希望于别人。过度地对他人抱有奢望，你得到的将是更大的失望。自己的事情自己解决就行了。

警惕拍马屁的人

有一天，一个小偷盯上了一个富裕人家，他想去盗窃一些值钱的东西，最近他穷得手上一个子儿都没有了。他到富人家看了一圈，发现这家人养了一只非常凶悍的狗。大凡富裕人家都是如此，他们将狗视为财产的保护神。

小偷没有放弃，打算再去观察一下地形，看看能不能找到什么下手的机会。他故意从富人家门口经过，可是那只狗特别警惕，没等小偷靠近就蹿了出来，虎视眈眈地注视着他，冲他狂叫不止。看样子，如果他一有什么举动，它就会毫不客气地扑上去。小偷担心自己力量不及，反而吃亏，只好灰溜溜地离开了。

小偷绞尽脑汁想办法对付这只狗。最后，他计上心来，决定用一些恩惠俘虏狗，转移它的注意力。于是，小偷买了一块肉，切成许多的小碎块，装进自己的口袋里，踌躇满志地向富裕人家走去。

不过，他还是非常谨慎地从后门溜进去，心想：就算碰见那只倒霉的狗，我也可以用肉来打发它。那只狗的确非常警觉，一听到动静就出现在小偷面前了。小偷连忙从口袋里拿出肉，不停地扔给狗。

狗却不理会这些美味，凶恶地冲着小偷狂叫，似乎在说："你快给我滚开些！你的一番好意里肯定有所企图，我才不吃你这一套呢！"

小偷见状，惊慌失措地溜走了，同时还在心里惋惜自己买的那块肉。

"天下没有无目的拍马屁的人。"我们要时刻警惕那些有所企图的小恩小惠，以及言辞上的献媚逢迎。

快乐是一种智慧

有一个心理学家作了一个很有意思的实验。

他要求一群实验者在周日晚上把未来7天会烦恼的事情都写下来，然后投入一个大型的"烦恼箱"。第三周的星期日，他在实验者面前打开这个箱子，与成员逐一核对每项"烦恼"，结果发现其中百分之九十的担忧并没有真正发生。

接着，他又要求大家把那些真正发生的百分之十的“烦恼”重新丢入纸箱中，等过了三周，再来寻找解决之道。结果到了那一天，他开箱后，发现那些剩下的百分之十的烦恼已经不再是那些实验者的烦恼了，因为他们都有能力对付。

快乐是一种智慧。与其在自找的忧虑和烦恼的迷宫遭受折磨，还不如为自己找一个简单快乐的理由，让自己慢慢快乐起来。

诚实收获美好

一个部落的首领叫一个男孩为他准备两顿饭。第一顿饭是世界上最好的东西，第二顿饭是世界上最坏的东西。

老首领坐在他的饭桌前享用第一顿美味，有可口的蔬菜和切成薄片的牛舌头。这个年轻人说：“舌头是人类最好的东西之一。舌头能说出充满真理的话语，这些话能够帮助人类成长和成功，能够给我们勇气，并让我们保持正直。舌头还能表达出人们的感情，因为这些暖人心窝的话语，人们紧紧地团结在一起，亲密得像一家人。”首领听了这些话非常感动。

几天后，首领准备吃世界上最坏的东西，却发现这一次与第一次的食物完全相同。年轻人解释说：“舌头是世界上最好的东西，但也是最坏的部分。它会说出愤怒和沮丧的话语，人们听了会伤心、绝望。舌头也能编织谎言，破坏人们和睦的关系，赶走我们的幸福和快乐。”老首领慢慢地点了点头。

诚实地说话才能收获美好，诚实乃通往和平之道。诚实在任何情况下都能确保我们幸福地生活。

交友要慎重

陶壶是主人要装水时买回来的，而铁壶则是用来装未燃尽的木炭的。他们先后被主人带到了这个家里。只是在不知不觉中，陶壶和铁壶都闲着没事干，现在就在仓库里打发无所事事的日子。

有一天，铁壶对陶壶说："我们结伴去旅行吧！"

陶壶不知道铁壶为什么会忽然发出这个邀请，而且还要特意邀请自己。陶壶想了想，可能是因为我和它形状相同吧，可是我们的用途大不一样啊。思考再三，陶壶还是委婉地谢绝了，因为它知道，老老实实地待在炉火旁是自己最明智的选择。对自己来讲，哪怕稍有点磕碰或出现什么意外就可能粉身碎骨，变成一堆碎片。

陶壶说："你要比我硬朗得多，没有什么能使你受损，而我就不行了，你的好意我心领了。"

"我可以保护你，"铁壶说，"假如有什么硬东西要撞到你，我可以将你们隔开，你不就可以安然无恙了吗？"

陶壶觉得铁壶说得有道理，就同意与铁壶结伴上路。两个三条腿的家伙一瘸一拐在路上行走，稍有磕碰两者就撞在了一起。陶壶难受死了，还没来得及抱怨就已被它的保护者撞成了一堆碎片。

人生活在社会上，选择朋友伴侣必须和自己志趣等条件相当的人，只有这样才能长久而和睦地相处，而不至于随时存在分道扬镳的可能。

感受做事的快乐

一位富商临终前，见窗外的市民广场上有一群孩子在捉蜻蜓，就对他 4 个未成年的儿子说，你们到那儿给我捉几只蜻蜓来吧，我许多年没见过蜻蜓了。

不一会儿，大儿子就带了一只蜻蜓回来。富商问儿子：怎么这么快就捉了一只？大儿子说，我用你送给我的遥控赛车换来的。富商点点头。

又过了一会，二儿子也回来了，他带回来两只蜻蜓。富商问："你这么快就捉了两只蜻蜓？"二儿子说："我把你送给我的遥控赛车租给了一位小朋友，他给我 3 分钱，这两只是我用两分钱向另一位有蜻蜓的小朋友买来的。爸爸，你看这是多出来的 1 分钱。"富商微笑着点点头。

不久，老三也回来了，他带来了 10 只蜻蜓。富商问他："你怎么捉了这么多的蜻蜓？"三儿子说："我把你送给我的遥控赛车放在广场上，如果谁要玩赛车交 1 只蜻蜓就可以了。要不是怕你急，我至少可以收 18 只蜻蜓。"富商拍了拍三儿子的头。

最后到来的是最小的孩子。他满头大汗，两手空空，衣服上沾满了尘土。富商问："孩子，你怎么搞的？"四儿子说："我捉了半天，也没捉到一只，那些蜻蜓好可爱，飞得那么高，我蹦起来都捉不到它们。不过，有好几次我差点抓住了！"儿子眉飞色舞地讲述着，似乎还沉浸在抓蜻蜓的快乐中。富商笑了，笑得满眼是泪，他摸着四儿子挂满汗珠的脸蛋，把他搂在了怀里。

第二天，富商死了。他的孩子们在床头发现了一张小纸条，上面写着：孩子，我并不需要蜻蜓，我需要的是你们捉蜻蜓的乐趣。

人们往往寻找快乐。快乐是什么？快乐就是我们在做一切事情的过程中所感受的喜悦。只要在过程中感受到了无比的快乐，就不要太在意结果。

好高骛远不可取

在集市上，有一个老人摆了个捞鱼的摊子，向有意捞鱼者提供渔网，人们可以随意地从盆中捞鱼，而捞起来的鱼归捞鱼人所有。当然世界上没有如此便宜的事情，那个渔网很容易就破碎了。

有一天，一个年轻的大学生来到这里，也蹲下去捞起鱼来，他一连捞碎了3只网，一条小鱼也未捞到，心中十分懊恼。他见老人眯着眼看自己，似乎在窃笑自己的愚蠢，便不耐烦地说："老板，你这网子做得太薄了，几乎一碰到水就破了，那些鱼怎么捞得起来呢？"

老人回答说："年轻人，你怎么不想想？当你想要捞起鱼时，你打量过你手中的渔网是否真有那能耐吗？有追求不是件坏事，但是也要懂得了解你自己有没有那个实力！"

"可是我还是觉得你的网太薄，根本就捞不起鱼。"

老人没有说话，接过大学生手中的渔网，一会儿就捞起来一条活蹦乱跳的小鱼。

"年轻人，你还不懂得捞鱼的哲学！这和人们追求事业、爱情和金钱是同一个道理。当沉迷于一个目标的时候，要衡量自己的实力！不要好高骛远。"

目标越大，希望越大，失望也就越多，人生之苦皆由此生。让我们放弃那些不切实际的目标，准确地衡量和评估自己吧！

助人者助己

有两个故事可以说明帮助别人能够让自己受益。

古时候，有两兄弟各自带着一只行李箱出远门。一路上，重重的行李箱将兄弟俩都压得喘不过气来。他们只好左手累了换右手，右手累了换左手。忽然，大哥停了下来，在路边买了一根扁担，将两个行李箱一左一右挂在上面。他挑起两个箱子上路，反倒觉得轻松了很多。

还有一个故事，在一场激烈的战斗中，上尉忽然发现一架敌机向阵地俯冲下来。照常理，发现敌机俯冲时要毫不犹豫地卧倒。可是上尉并没有立刻卧倒，因为他发现离他四五米的远处有一个小战士仍旧浑然不觉。

他顾不上多想，一个鱼跃飞身将小战士紧紧地压在了身下。此时一声巨响，飞溅起来的泥土纷纷落在他们的身上。上尉起身拍拍身上的尘土，很欣慰地看到小战士安然无恙，回头一看，顿时惊呆了：刚才自己所处的那个位置被炸成了一个大坑。

在人生的旅途中，每个人都会遇到许许多多的困难。我们不要只顾自己，还要记得为别人搬开绊脚石，因为这也是在为自己铺路。

把握自己的人生

有一天，一只鸡啄来啄去满地寻找食物，它要给自己和自己的孩子寻找可以填饱肚子的东西。突然间，它从一堆废弃的树叶中发现了一颗珍珠，它惋惜地说：“如果你的主人找到了你，他会非常高兴地把你捡起来，把你当成宝贵的财富，可我要寻找的是米粒，而不是你，对于我来说，你毫无用处，一文不值啊！世界上所有的珍珠，都不如一颗米粒对我有吸引力。”

一只精明的猎狗在森林里寻找主人打下来的猎物，在偶然间看到了一袋黄金。它跑上前去嗅一嗅，懊丧地说：“哎，我还以为找到了主人打下来的猎物呢！不过，我相信主人肯定会非常喜欢，说不定他一高兴就每天赏赐我几根骨头呢！”猎狗这样想着，叼起那个口袋跑到主人身边。

“你真是太伟大了！我要用其中的一块黄金给你配一身最好的行头！”

主人抚摸着猎狗说。

猎狗连忙恳求道："不，如果您不介意的话，我想每顿享用几根骨头。"

笑逐颜开的主人爽快地答应了，猎狗从此每天都可以吃到骨头。

人生充满了选择，我们在选择之前，首先要弄明白自己内心真正需要的是什么，而不是无目的地瞎猜乱选。那样，才能很好地把握自己的人生。

寻找幸福

小汤姆踊跃地参加了学校的长跑项目。他非常有信心拿到好的名次，而且他只想跑第三名，因为第三名的奖品是一双小鞋子。那是他梦寐以求的奖品，如果他得了第三名，妹妹就可以每天穿着它，不用光着脚去上学了。想象着妹妹穿上鞋子兴奋的劲头，小汤姆就觉得无比的幸福。

他一不小心摔倒了，可是一想到自己还要为妹妹赢得一双鞋子，他就立即爬起来卖力地往前跑。没有想到，他在情急之下，竟然冲到了第一名。

同学们欣喜若狂地祝贺他，他的奖品是一个奖杯，并获得了和领导合影的殊荣。可是小汤姆却难过得流下了眼泪。

尽管冠军有着很高的荣誉，还能得到更为丰富的奖品，但那不是汤姆最真实的需要，他想要的只是一双并不起眼的小鞋子。结果，他不仅没有为妹妹赢得一双鞋子，反而连自己仅有的一双鞋子也跑坏了。

很多人都在寻找幸福，其实幸福就是获得自己真实的需求，而与物质、财富、权力、容貌等等人为设定的东西无关。

选定生活目标

比塞尔是西撒哈拉沙漠中的一颗明珠，每年有数以万计的旅游者来到这里。可是在肯·莱文发现它之前，这里还是一个封闭而落后的地方。

这里的人没有一个走出过大沙漠，据说不是因为他们不愿离开这块贫瘠的土地，而是他们尝试过很多次都没有走出去。

肯·莱文当然不相信这种说法。他用手语向这里的人问原因，结果每个人的回答都一样："从这儿无论向哪个方向走，最后都还是转回出发的地方。”

为了证实这种说法，他做了一次试验，从比塞尔村向北走，结果三天半就走了出来。

比塞尔人为什么走不出来呢？肯·莱文非常纳闷，最后他只得雇一个比塞尔人，让他带路，看看到底是为什么？他们带了半个月的水，牵了两峰骆驼，肯·莱文收起指南针等现代设备，只拄一根木棍跟在后面。

十天过去了，他们走了大约八百英里的路程，第十一天的早晨，他们果然又回到了比塞尔。这一次肯·莱文终于明白了，比塞尔人之所以走不出大沙漠，是因为他们根本就不认识北斗星。

在一望无际的沙漠里，一个人如果凭着感觉往前走，一定会走出许多大小不一的圆圈，最后的足迹十有八九是一把卷尺的形状。比塞尔村处在浩瀚的沙漠中间，方圆上千公里没有一点参照物，若不认识北斗星又没有指南针，想走出沙漠，确实是不可能的。

肯·莱文在离开比塞尔时，带了一位叫阿古特尔的青年，就是上次和他合作的人。他告诉这个汉子，只要你白天休息，夜晚朝着北面那颗星走，就能走出沙漠。

阿古特尔照着去做，三天之后果然来到了大沙漠的边缘。阿古特尔因此成为比塞尔的开拓者，他的铜像被竖立在小城的中央。铜像的底座上刻着一行字：“新生活是从选定方向开始的。”

杰出人士与平庸之辈的根本差别并不是天赋、机遇，而在于有无目标。对于没有目标的人来说，岁月的流逝只意味着年龄的增长。

一个人无论他现在多大年龄，他真正的人生之旅，是从设定目标的那一天开始的，以前的日子，只不过是在绕圈子而已。“新生活是从选定方向开始的。”你的生活目标选定了吗？你生活中的北斗星在哪里？如果你还没确定，那你就及早选择吧。

与身边的人赛跑

两个人在森林里遇到一只大老虎。甲赶紧从背包里取出一双更轻便的运动鞋换上。

乙急死了，骂道：“你干吗呢，再换鞋也跑不过老虎啊！”

甲说：“我只要跑得比你快就行了。”

没有危机感就是最大的危机。

对许多人来说，不是没有机会，是不认识机会或没有事先做准备；不是没有阳光，是因为总低着头。当更多的“老虎”来临时，我们有没有准备好自己的跑鞋呢？为了更好地生存，我们永远要比别人跑得快！我们要不断地穿上跑鞋，与身边的人赛跑。

跑得更快

每天，当太阳升起来的时候，非洲大草原上的动物们就开始奔跑了。

狮子妈妈在教育自己的孩子：“孩子，你必须跑得再快一点，再快一点，你要是跑不过最慢的羚羊，你就会活活地饿死。”

在另外一个场地上，羚羊妈妈也在教育自己的孩子：“孩子，你必须跑得再快一点，再快一点，如果你不能比跑得最快的狮子还要快，那你就肯定会被他们吃掉。”

这个故事给我们提出这样一个问题：我们应该同情谁？到底谁应该活下去？正确答案应该是：物竞天择，优胜劣汰，强者生存！自然界不同情弱者，生活也不相信眼泪。大自然的生存法则是残酷的，在人类社会中的某些领域也有类似的情况。人生在世，总免不了竞争与竞赛。你跑得快，别人跑得更快。所以，你得尽最大努力跑出你的最快。

不要钓竿要钓技

有个老人在河边钓鱼，一个小孩走过去看着他钓。老人技巧纯熟，所以没多久，钓的鱼就装满了鱼篓。

老人见小孩很可爱，要把整篓的鱼送给他，小孩摇摇头。

老人惊异地问道：“你为何不要？”

小孩回答：“我想要你手中的钓鱼竿。”

老人问：“你要钓鱼竿做什么？”

小孩说：“这篓鱼没多久就吃完了，要是我有钓鱼竿，我就可以自己钓，一辈子也吃不完。”

你一定会说，好聪明的小孩。错了，他如果只要钓鱼竿，那他一条鱼也吃不到。因为，他不懂钓鱼的技巧，光有钓鱼竿是没用的。钓鱼重要的不在“钓竿”，而在“钓技”。

有太多的人认为自己拥有了人生道路上的钓鱼竿，再也无惧于路上的风雨。如此，难免会跌倒在泥泞地上。就像职员看老板，以为只要坐在办公室，就有滚进的财源。

不要被表面现象迷惑

有一个人经常出差，经常买不到对号入座的车票。可是无论长途短途，无论车上多挤，他总能找到座位。

他的办法其实很简单，就是耐心地一节一节车厢地找过去。这个办法听上去似乎并不高明，但却很管用。每次，他都做好了从第一节车厢走到最后一节车厢的准备，可是每次他都用不着走到最后就会发现空位。

他说，这是因为像他这样锲而不舍找座位的乘客实在不多。经常是在他落座的车厢里尚余若干空位，而在其它车厢的过道和车厢接头处，居然人满为患。

他又说，大多数乘客轻易就被一两节车厢拥挤的表面现象迷惑了，不大细想在数十次停靠之中，从火车十几个车门上上下下的流动中，蕴藏着不少提供座位的机遇；即使想到了，他们也没有那一份寻找的耐心。眼前一方小小的立足之地，很容易让大多数人满足，为了一两个座位背负着行囊挤来挤去，有些人也觉得不值。他们还担心，万一找不到座位，回头连个好好站着的地方也没有了。与生活中一些安于现状、不思进取、害怕失败，永远只能滞留在没有成功起点上的人一样，这些不愿主动找座位的乘客，大多只能在上车时最初的落脚之处一直站到下车。

世界是动态的，一个人的生活也不是静止的。没有谁敢主观断定明天将出现的风云人物，一定不会是自己身边的人。这个世界，没有什么不可能的事，只是我们不知道有多少人私下里正在自信地“找座位”！成功者不一定是聪明者，而是生活中的强者！

生活真是有趣，如果你只接受最好的，你经常会得到最好的。自信、执着、富有远见、勤于实践，会让你握有一张人生之旅永远的坐票。

居安思危

一只野狼正趴在地上勤奋地磨牙，狐狸看到了，就对它说：“天气这么好，大家都在休息娱乐，你也加入到我们队伍中来吧！”

野狼没有说话，继续磨牙，把它的牙齿磨得又尖又利。狐狸奇怪地问道：“森林这么静，猎人和猎狗已经回家了，老虎也不在近处徘徊，又没有任何危险，你何必那么用劲磨牙呢？”

野狼停下来，回答道：“我磨牙并不是为了娱乐，你想想，如果有一天，我被猎人或老虎追逐，到那时，我想磨牙也来不及了。而平时我就把牙磨好，到那时就可以保护自己了。”

洪水未到先筑堤，豺狼未来先磨刀。

做事应该未雨绸缪，居安思危，这样在危险突然降临时，才不至于手忙脚乱。“书到用时方恨少”，平常若不充实学问，临时抱佛脚是来不及的。

也有人抱怨没有机会，然而当升迁机会来临时，再叹自己平时没有积蓄足够的学识与能力，以致不能胜任，也只好后悔莫及。

干一行爱一行

30 年前，一个年轻人离开故乡，开始创造自己的前途。他动身的第一站，是去拜访本族的族长，请求指点。

老族长正在练字，他听说本族有位后辈开始踏上人生的旅途，就写了三个字：“不要怕”。然后抬起头来，望着年轻人说：“孩子，人生 30 年后，这个从前的年轻人就人到中年，有了一些成就，也添了很多伤心事。”

归程漫漫，回到了家乡，他又去拜访那位族长。他到了族长家里，才知道老人家几年前已经去世。家人取出一个密封的信封，对他说：“这是族长生前留给你的，他说有一天你会再来。”

还乡的游子这才想起来，30 年前，他在这里听到人生的一半秘诀。他拆开信封，里面赫然又是三个大字：“不要悔”。

中年以前不要怕，中年以后不要悔。人生不就是如此吗？入世时，不要怕；遇事时，不要慌；面对困境时，不要愁；回首往事，不要悔。这简简单单的“不要怕，不要慌，不要愁，不要悔”，就足以享用一生。

这故事的另一个积极的启示是：要干一行，像一行；而不是干一行，怨一行。只要有敬业精神，把世俗名利看淡些，即使在困境中也必能随遇而安，化危机为转机；假以时日，必终有成功之日。

生活是自己创造的

有个老木匠准备退休，他告诉老板，说要离开建筑行业，回家与妻子儿女享受天伦之乐。

老板舍不得他的好工人走，问他是否能帮忙再建一座房子，老木匠说可以。但是大家后来都看得出来，他的心已不在工作上，他用的是软料，出的是粗活。房子建好的时候，老板把大门的钥匙递给他。

“这是你的房子”，他说：“我送给你的礼物。”

他震惊得目瞪口呆，羞愧得无地自容。如果他早知道是在给自己建房子，他怎么会这样呢？现在他得住在一幢粗制滥造的房子里！

我们又何尝不是这样。我们漫不经心地“建造”自己的生活，不是积极行动，而是消极应付，凡事不肯精益求精，在关键时刻不能尽最大努力。等我们惊觉自己的处境，早已深困在自己建造的“房子”里了。

你的生活是你一生惟一的创造，不能抹平重建，即使只有一天可活，那一天也要活得优美、高贵，墙上的铭牌上写着：“生活是自己创造的。”

社会需要是选择职业的标准

有个鲁国人擅长编草鞋，他妻子擅长织白绢。他想迁到越国去。

友人对他说：“你到越国去，一定会贫穷的。”

“为什么？”

“草鞋，是用来穿着走路的，但越国人习惯于赤足走路；白绢，是用来做帽子的，但越国人习惯于披头散发。凭着你的长处，到用不到你的地方去，这样，要使自己不贫穷，难道可能吗？”

一个调查显示，有93%的大学生把收入高、地位高、工作安逸作为选择职业的首要因素，而以“社会需要”为标准的人仅占11.3%。

一个人要发挥其专长，就必须适合社会环境需要。如果脱离社会环境的需要，其专长也就失去了价值。因此，我们要根据社会的需要，决定自己的行动，更好去发挥自己的专长。

挖一口属于自己的井

有两个和尚住在隔壁，所谓隔壁就是隔壁那座山，他们分别住在相邻的两座山上的庙里。这两座山之间有一条溪，于是这两个和尚每天都会在同一时间下山去溪边挑水，久而久之，他们变成了好朋友。

就这样，时间在每天挑水中不知不觉已经过了五年。突然有一天，左边这座山的和尚没有下山挑水，右边那座山的和尚心想：“他大概睡过头了。”便不以为意。

哪知道第二天，左边这座山的和尚还是没有下山挑水，第三天也一样。过了一个星期还是一样。直到过了一个月，右边那座山的和尚终于受不了了，他心想：“我的朋友可能生病了，我要过去拜访他，看看能帮上什么忙。”

于是他便爬上了左边这座山，去探望他的老朋友。等他到了左边这座山的庙里，看到他的老友之后，大吃一惊，因为他的老友正在庙前打拳，一点也不像一个月没喝水的人。

他很好奇地问：“你已经一个月没有下山挑水了，难道你可以不用喝水吗？”

左边这座山的和尚说：“来来来，我带你去看。”

于是他带着右边那座山的和尚走到庙的后院，指着一口井说：“这五年来。我每天做完功课后都会抽空挖这口井，即使有时很忙，能挖多少就算多少。如今终于让我挖出井水，我就不用再下山挑水，我可以有更多时间练我喜欢的拳。”

筑毕生发展平台，取未来生存席位。当别人休息的时候，我们还在学习，我们又一次超越别人！想比别人强，就要比别人多懂，多懂来自多学。只有懂得更多，才能做得更好。

我们领的薪水再多，那都是挑水，而把握下班后的时间挖一口属于自己的井，未来当年纪大了，体力拼不过年轻人了，还是有水喝，而且喝得很悠闲。

用才华创造价值

目前，公司征求业务人员，其中一位应征者资历显赫，对于公司来说，有小庙容不了大佛的顾虑，因此公司都不抱太大的希望。

面谈时，也很诚实地告诉他，依据公司规定，无法给予太高的薪水，原以为会就此打住，不要浪费彼此的时间，没想到他竟然愿意接受不到他原来薪水一半的条件，这让公司有点意外。

正式上班后，他也没有出身大企业的骄傲，准时上班，报表填写清楚，勤跑客户，过了不久他的业绩远远超乎大家原本的预期，于是在最短的时间内，公司破格让他晋升，而且大幅度加薪，自此，他也更加卖力，为公司创造更好的业绩。

了解之后才知道，原来他在前一家公司已当上了主管，工作相当顺利，薪水也十分满意，原以为可以衣食无忧，没想到公司投资失败，老板不知去向，让他们哭诉无门。求职期间，他也曾经因为薪水无法与自己所要求的相符而怨天尤人，总认为自己是怀才不遇。但在经历了一段时间的挫折与沉淀之后，他选择了重新出发，重新体会到价值与价格的差异。

价格是被人给予的，随时可以拿走，价值却是自己创造的，谁也无法带走。当才华不能创造价值的时候，也就失去了存在意义。

价值是做出来的，不是说出来的。才华可以转化为财富，但不等于财富，而创造价值才是真正的财富。别做有才华的穷人，因为才华是用来创造价值的，而不是用来孤芳自赏的。

慢慢走请注意欣赏

有个好莱坞的歌王，曾经说过一些很感慨的话。他说：“当我年轻的时候，急急忙忙地爬到山顶上，就像参加赛跑的马，戴着眼罩拼命往前跑，除了终点的白线之外，什么都看不见。我的祖母看见我这么忙，很担心地说：‘孩子，别走得太快，否则你会错过路上的好风景！’我根本不听她的话，心想：一个人既然知道要怎么走，为什么还要停下来浪费时间呢？我继续往前跑，一年年过去了，我有了地位，也有了名誉和财富，还有一个我深爱的家庭。可是，我并不像别人那样快乐，我不明白我做错了什么？”

这位名歌王继续说：“有一次，一个歌舞团在城外表演，我是主角，当表演完了，观众的掌声久久不停。这一次的表演很成功，我们都很高兴。可是这时候，有人递给我一份电报，是我妻子拍来的，因为我们的第四个孩子出生了。突然，我觉得很难过，每一个孩子的出生，我都不在家，我的妻子，独自承担养育孩子的辛苦。我从来没看过孩子们走第一步的样子，他们天真的哭和笑，我都没听过，只有从母亲那里，得到间接的描述。我想起了祖母曾经对我说过的话……”

听说在欧洲阿尔卑斯山上，在一条风景很美的大道上挂着一句标语，写着：“慢慢走，请注意欣赏！”现代人看起来太忙了，许多人在这忙碌的世界上生活，手脚不停，就好像在阿尔卑斯山上旅行，乘汽车匆匆忙忙而过，没有什么时间回一回头，或停一停步子，欣赏一下风景，结果使这原本丰富美丽的世界，在我们眼中空无所有，只剩下了匆忙和紧张，劳碌和忧愁。

有人说：“单凭思想而不劳动，当然不能生活，但一生像机器一样不停地转，那更加没有意义。”

我们想走的时候就走，想停的时候就停，随心所欲地去发现乐趣和值得珍惜的东西。既然有机会来到这多姿多彩的世界，就应该像一个旅行家，不仅要跋山涉水，走完我们的旅程，更要懂得欣赏、流连。

走的时候，是为了到另一个境界，停的时候，是为了欣赏人生。

现在就出去走走

两个四川和尚想去浙江普陀山朝拜。第一个和尚想多存点钱，再约个伴同行比较安全；第二个和尚想都不想，就拿着个钵一边到处化缘，一边往浙江走去。

两年后，第一个和尚还在原地踏步，第二个和尚不但朝拜完了普陀山，连人都回到了四川。

有个朋友五年前就说他想去欧洲旅行，五年来只见他嚷嚷，欧洲却始终未去成。我问他："怎么还不去呢?"他回答："快了！就快了！等我存够了钱就去!"你说，我的朋友像不像第一个和尚？钱多有钱多的玩法，钱少省吃俭用照样玩得尽兴。钱不是问题，想玩，现在就出去走走！不经历风雨怎能见彩虹？没有谁能随随便便成功!

不必回头

"星球大战前传"这部乔治·卢卡斯的"新摇钱树"，是描述前面三集中男主角"天行者"（SKY WALKER）的童年。跟母亲一起身陷为奴隶的"小天行者"，有着过人的胆识，居然参加星际大赛车，得到第一名，而能获得自由。小天行者的母亲，送孩子离开的时候，搂着儿子说：你要勇敢，不要再回来！不要再回来!（BE BRAVE！DONT COME BACK！DONT COME BACK!)"

电影散场后，一个小女孩突然问父亲："爸爸，小天行者的妈妈为什么叫他不要回来？她难道再也不想看到她的儿子了吗?"

父亲对女儿笑着说："这个问题，爸爸以前也想不通，但是现在想通了。其实我们每个人生下来就不能回头。你想想，你从妈妈肚子里出来，能回头吗？你出来就回不去了。我们可以转身，但是不必回头，即使有一天，你发现自己走错了，你也应该转身，大步朝着对的方向去，而不是回头埋怨自己错了。记住：人生路，是不能回头的!"

时间是往前走的，钟不可能倒着转，所以一切事只要过去，就再也不能回头。回头是危险的，一边跑一边回头的人绝对跑不快，而且容易摔倒；总是回头缅怀过去的人，就不容易开创未来。

苦海无涯，回头是岸；浪子回头金不换。从小到大，总是听到要人回头这句话。同时我们也总被灌输一种"不回头"的观念。人生只有一次，我们要勇敢地面对人生，别让生命在后悔中度过!

第六章　保持积极的人生态度

行动是有力证明

陈阿土是台湾的农民，从来没有出过远门。攒了半辈子的钱，终于参加一个旅游团出了国。

国外的一切都是非常新鲜的，关键是陈阿土参加的是豪华团，一个人住一个标准间。这让他新奇不已。

早晨，服务生来敲门送早餐时大声说道："GOOD MORNING，SIR！"陈阿土愣住了。这是什么意思呢？在自己的家乡，一般陌生的人见面都会问："您贵姓？"于是陈阿土大声叫道："我叫陈阿土！"

如是这般。连着三天，都是那个服务生来敲门，每天都大声说："GOOD MORNING，SIR！"而陈阿土亦大声回道："我叫陈阿土！"但他非常生气。这个服务生也太笨了，天天问自己叫什么，告诉他又记不住，很烦的。

终于他忍不住去问导游，"GOOD MORNING，SIR！"是什么意思，导游告诉了他，天啊！真是丢脸死了。陈阿土反复练习"GOOD MORNING，SIR！"这个词，以便能体面地应对服务生。

又一天的早晨，服务生照常来敲门，门一开陈阿土就大声叫道："GOOD MORNTNG，SIR！"与此同时，服务生叫的是："我叫陈阿土！"

人与人交往，常常是意志力与意志力的较量，不是你影响他，就是他影响你。坚强的意志力是在日常生活、学习中逐步培养起来的。习惯的养成都需要决心、信心和恒心，都有助于培养坚忍不拔的意志力。

而我们要想成功，一定要培养自己的影响力，只有影响力大的人才可以成为最强者。

不要逃避

一个心理学教授到疯人院参观，了解疯子的生活状态。一天下来，他觉得这些人疯疯癫癫，行事出人意料，可算大开眼界。

想不到准备返回时，教授发现自己的车胎被人下掉了。“一定是哪个疯子干的!”他这样愤愤地想道，动手拿备胎准备装上。

事情严重了。下车胎的人居然将螺丝也都下掉，没有螺丝有备胎也上不去啊!

教授一筹莫展。在他着急万分的时候，一个疯子蹦蹦跳跳地过来了，嘴里唱着不知名的欢乐歌曲。他发现了困境中的教授，停下来问发生了什么事。

教授懒得理他，但出于礼貌还是告诉了他。

疯子哈哈大笑说：“我有办法!”他从每个轮胎上面下了一个螺丝，这样就拿到三个螺丝将备胎装了上去。

教授惊奇感激之余，大为好奇：“请问你是怎么想到这个办法的?”

疯子嘻嘻哈哈地笑道：“我是疯子，可我不是呆子啊!”

其实，世上有许多人，由于他们发现了工作中的乐趣，总会表现出与常人不一样的狂热，让人难以理解。许多人在笑话他们是疯子的时候，别人说不定还在笑他是呆子呢。

做人呆呆，处事聪明，尤其在中国不失为一种上佳的做人姿态。

失败是成功之母

从前，有两个饥饿的人得到了一位长者的恩赐：一根鱼竿和一篓鲜活硕大的鱼。其中，一个人要了一篓鱼，另一个人要了一根鱼竿，于是他们分道扬镳了。

得到鱼的人原地就用干柴搭起篝火煮起了鱼，他狼吞虎咽，还没有品出鲜鱼的肉香，转瞬间，连鱼带汤就被他吃了个精光，不久，他便饿死在空空的鱼篓旁。

另一个人则提着鱼竿继续忍饥挨饿，一步步艰难地向海边走去，可当他已经看到不远处那片蔚蓝色的海洋时，他浑身的最后一点力气也使完了，他也只能眼巴巴地带着无尽的遗憾撒手人间。

又有两个饥饿的人，他们同样得到了长者恩赐的一根鱼竿和一篓鱼。只是他们并没有各奔东西，而是商定共同去找寻大海，他俩每次只煮一条鱼，他们经过遥远的跋涉，来到了海边，从此，两人开始了捕鱼为生的日子。

几年后，他们盖起了房子，有了各自的家庭、子女，有了自己建造的渔船，过上了幸福安康的生活。

只关心眼前利益的“近视眼”，目光短浅，缺乏长远的目标，因此也处理不好眼前的事情。目光远大的人，为长远利益着想，会放弃眼前利益。

一个人只顾眼前的利益，得到的终将是短暂的欢愉；一个人目标高远，但也要面对现实的生活。只有把理想和现实有机结合起来，才有可能成为一个成功之人。

找准方向再行动

这是发生在英国的一个真实故事。

有位孤独的老人，无儿无女，又体弱多病。他决定搬到养老院去。老人宣布出售他漂亮的住宅。购买者闻讯蜂拥而至。住宅底价 8 万英镑，但人们很快就将它炒到了 10 万英镑。价钱还在不断攀升。老人深陷在沙发里，满目忧郁，是的，要不是健康情形不行，他是不会卖掉这栋陪他度过大半生的住宅的。

一个衣着朴素的青年来到老人眼前，弯下腰，低声说：“先生，我也好想买这栋住宅，可我只有 1 万英镑。可是，如果您把住宅卖给我，我保证会让您依旧生活在这里，和我一起喝茶，读报，散步，天天都快快乐乐的——相信我，我会用整颗心来照顾您！”

老人颔首微笑，把住宅以 1 万英镑的价钱卖给了他。

一个不懂得爱的人，就像一个断秧之瓜，不知自爱，也不爱人，必将焦渴而死。爱是一本收支平衡的账簿，在爱中领略被爱，会有加倍的收获。一个爱自己、爱别人、也爱自然的人，必会有坚强的生命力，生命的价值才能真正地体现出来。无爱不成世界。

完成梦想，不一定非得要冷酷地厮杀和欺诈，有时，只要你拥有一颗爱人之心就可以了。

不冒风险的大危险

一位在纽约任教的老师决定告诉她的学生，他们是如何重要，来表达对他们的赞许。

她决定采用一种作法，也就是将学生逐一叫到讲台上，然后告诉大家，这位同学对整个班级和对她的重要性，再给每人一条蓝色缎带，上面以金色的字写着："我是重要的。"

之后，那位老师想做一个班上的研究计划，来看看这样的行动对一个社区会造成什么样的冲击。她给每个学生三个缎带别针，教他们出去给别人相同的感谢仪式，然后观察所产生的结果，一个星期后回到班级报告。

班上一个男孩子到邻近的公司，去找一位年轻的主管，因他曾经指导他完成生活规划。

那个男孩子将一条蓝色缎带别在他的衬衫上，并且再多给了二个别针，接着解释："我们正在做一项研究，我们必需出去把蓝色缎带送给感谢尊敬的人，再给他们多余的别针，让他们也能向别人进行相同的感谢仪式。下次请告诉我，这么做产生的结果。"

过了几天，这位年轻主管去看他的老板。从某一角度而言，他的老板是个易怒、不易相处的人，但极富才华。他向老板表示十分仰慕他的创作天分，老板听了十分惊讶。

这个年轻主管接着要求他接受蓝色缎带，并允许他帮他别上。一脸吃惊的老板爽快地答应了。

那年轻人将缎带别在老板外套、心脏正上方的位置。并将所剩的别针送给他，然后问他："您是否能帮我个忙？把这缎带也送给您所感谢的人。这是一个男孩子送我的，他正在进行一项研究。我们想让这个感谢的仪式延续下去，看看对大家会产生什么样的效果。"

那天晚上，那位老板回到家中，坐在 14 岁儿子的身旁，告诉他："今天发生了一件不可思议的事。在办公室的时候，有一个年轻的同事告诉我，他十分仰慕我的创造天分，还送我一条蓝色缎带。想想看，他认为我的创造天分如此值得尊敬，甚至将印有'我很重要'的缎带别在我的夹克上，还多送我一个别针，让我能送给自己感谢尊敬的人，当我今晚开车回家时，就开始思索要把别针送给谁呢？我想到了你，你就是我要感谢的人。这些日子以来，我回到家里并没有花许多精力来照顾你、陪你，我真是感到惭愧。有时我会因你的学习成绩不够好，房间太过脏乱而对你大吼大叫。但今晚，我只想坐在这儿，让你知道你对我有多重要，除了你妈妈之外，你是我一生中最重要的人。好孩子，我爱你。”

他的孩子听了十分惊讶，他开始呜咽啜泣，最后哭得无法自制，身体一直颤抖。他看着父亲，泪流满面地说：“爸，我原本计划明天要自杀，我以为你根本不爱我，现在我想那已经没有必要了。”

尊敬别人的人，同样会受到别人的尊敬。正像站在镜子前面一样，你怒他也怒，你笑他也笑。你尊敬别人，别人也会尊敬你，正所谓投之以桃，报之以李。如果你不尊敬别人，别人也会用同样的方法对待你，正所谓以牙还牙，或以其人之道还治其人之身。

那些最受人尊敬的人也就是最尊敬别人的人。当然也就是最美的人。

一点一滴积累财富

几天前，我和一位朋友在纽约搭计程车，下车时，朋友对司机说：“谢谢，搭你的车十分舒适。”

这司机听了愣了一愣，然后说：“你是混黑道的吗?”

“不，司机先生，我不是在寻你开心，我很佩服你在交通混乱时还能沉住气。”

“是呀!”司机说完，便驾车离开了。

“你为什么会这么说?”我不解地问。

“我想让纽约多点人情味”，他答道：“惟有这样，这城市才有救。”

“靠你一个人的力量怎能办得到?”

“我只是起带头作用。我相信一句小小的赞美能让那位司机整日心情愉快，如果他今天载了20位乘客，他就会对这20位乘客态度和善，而这些乘客受了司机的感染，也会对周遭的人和颜悦色。这样算来，我的好意可间接传达给1000多人，不错吧?”

“但你怎能希望计程车司机会照你的想法做呢?”

“我并没有希望他”，朋友回答：“我知道这种作法可遇不可求，所以我尽量多对人和气，多赞美他人，即使一天的成功率只有30%，但仍可连带影响到3000人之多。”

“我承认这套理论很中听，但能有几分实际效果呢?”

“就算没效果我也毫无损失呀！开口称赞那司机花不了我几秒钟，他也不会少收几块小费。如果那人无动于衷，那也无妨，明天我还可以去称赞另一个计程车司机呀!”

“我看你脑袋有点天真病了。”

“从这就可看出你越来越冷漠了。我曾调查过邮局的员工，他们最感沮丧的除了薪水微薄外，另外就是欠缺别人对他们工作的肯定。”

“但他们的服务真的很差劲呀!”

“那是因为他们觉得没人在意他们的服务质量。我们为何不多给他们一些鼓励呢?”

我们边走边聊，途经一个建筑工地，有5个工人正在一旁吃午餐。我朋友停下了脚步：“这栋大楼盖很真好，你们的工作一定很危险辛苦吧?”那群工人带着狐疑的眼光望着我朋友。

“工程何时完工?”我朋友继续问道。

“六个月。”一个工人低应了一声。

“这么出色的成绩，你们一定很引以为荣。”

离开工地后，我对他说：“你这种人也可以列入濒临绝种动物了。”

“这些人也许会因我这一句话而更起劲地工作，这对所有的人何尝不是一件好事呢?”

“但光靠你一个人有什么用呢?你不过是一个小民罢了。”

“我常告诉自己千万不能泄气，让这个社会更有情，原本就不是简单的事，我能影响一个就一个，能两个就两个……”

“刚才走过的女子姿色平庸，你还对她微笑?”我插嘴问道。

“是呀！我知道”，他答道：“如果她是个老师，我想今天上她课的人一定如沐春风。”

赞美别人，还是一门生活的艺术，可以在生活中化敌为友，也可以使友情锦上添花，赞美别人是一种境界，一种风度，可以给朋友带来欢乐，也可以让自己得到更多的成功。

人们相互希望得越多，想要给予对方的越多，就必定越亲密。卡耐基告诉我们说：“在你每天的生活之旅中，别忘了为人间留下一点赞美的温馨，这一点小火花会燃起友谊的火焰。”